平泉の文化遺産を語る

――わが心の人々――

佐々木邦世

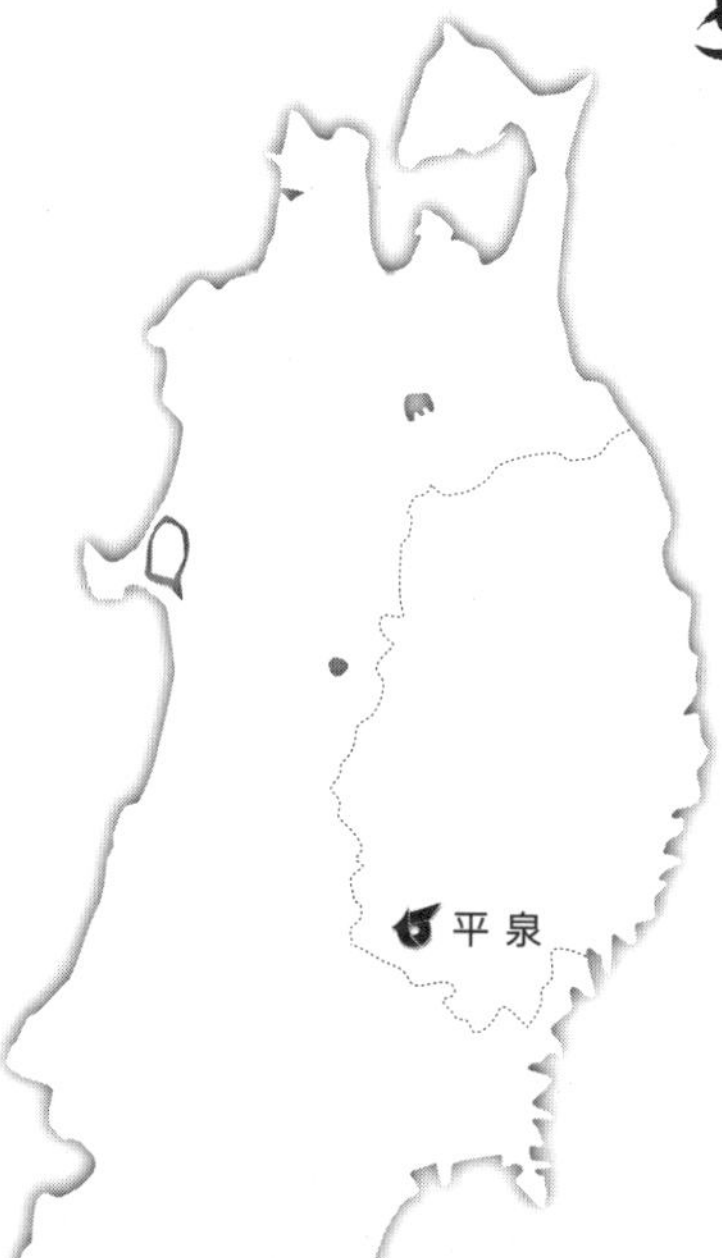

大正大学出版会

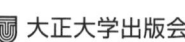

はしがき

平泉は、もう一つの都であった。「みちのく」（陸奥・Deep East）の中央に位置する、奥州藤原氏三代の府である。東北の歴史を語る人は、一二世紀を「平泉の世紀」という。

西行《さいぎょう》は、「陸奥の国に平泉に向かひて、たはしねと申す山の」桜を歌に詠んだ。そして晩年、七十歳を過ぎて再び此処を訪れたときには、「とりわきて心も凍みて冴えぞわたる衣河」に佇《たたず》み、その目は、衣川の館《たち》を見据えていた。

五〇〇年後の元禄二年（一六八九）、『おくのほそ道』に発った芭蕉《ばしょう》は、白河の関を越えてようやく旅心定まり、心ざす平泉に至った。高館《たかだち》に上って、源義経の最期《さいご》を偲《しの》び時の移るまで泪《なみだ》をながし、「夏草」の句を詠んだ。

そして――――、明治・大正・昭和と、多くの文人がまた、西行や芭蕉の跡を辿《たど》ってみちのくを旅し、平泉を訪れている。平泉は、詩歌や紀行の永遠の「夢の跡」である。

しかし、史都・平泉は、ここを旅した歌人や俳人だけのものではない。

戦後、平泉を掘った人たち、服部勝吉《かつきち》、斎藤忠、藤島亥治郎《がいじろう》、板橋源、そうした発掘調査にたずさわる多くの人がいた。

また、平泉の歴史を切り撮った写真家・土門拳《どもんけん》もいた。そして、国宝・金色堂の解体修理に伝統と工夫を凝らした漆工の達人がいた。さらに、「蘇った金色堂」の保存施設を改修し直した人たちもいた。

なによりも、この平泉に生れ育ち、土地を耕し、生活のなかで朝夕山々を眺め、川を渡り、寺堂や遺跡をまもってきた先人がいた。そして、その伝統を継承してきた人々がいる。

平泉を、ただ古都として花の名残として語るだけでなく、なにが文化遺産なのか山河に聴き、習俗に触れ、歴史と伝統の上に「平泉」を再思三考してみることが大事である。

明治から昭和、当時の人はどのような思いで中尊寺の文化財を保存し、平泉の史跡を守ることができたのか。今の学生がそれを見てどう感じたか。

これまで見て聞いて、ようやく腑《ふ》に落ちた話なども、「述べて作らず」に書いてみたい。

目次

目　次

目　次

文化財保存と「亡びの美」論

国宝　金色堂

明治二十九年（一八九六）、九鬼隆一（全国宝物取調局長）・岡倉覚三（天心）らによる全国宝物調査で、金色堂は「建築ならびに美術工芸上の模範として要用なる」もの、と監査された。翌年六月に「古社寺保存法」が公布されて、「特別保護建造物」に認定された。官費をもって保存修理されることになったが、実際には、保存法の公布より四カ月も前に、いち早く「大修繕」に着手されている。そして、内屋根の棟木に墨書が発見された。

明治時代も、開化から混迷の時期を過ぎて、ようやく、日本固有の文化を振り返り古美術の調査や保存が国家的関心事となった時期である。

金色堂（覆堂）旧外観

「天治元季　八月廿日　建立堂一宇　■　大工物部清國　小工十五人　■
大檀散位藤原清衡　女檀（右から安部《（ママ）》氏・清原氏・平氏）」

と書かれてあった。この堂が、天治元年（一一二四）の八月に建立されたことがわかる。建立した年次が、このように銘記によって確認される堂宇としては最も古いものである。むろん、これは上棟の年月日であり、これから屋根を葺き、堂内の四天巻き柱や須弥壇《しゅみだん》など内陣の漆蒔絵・螺鈿《らでん》の荘厳《しょうごん》、そして天井も床も、四方の壁内外もすべて漆箔《しっぱく》と、この珠玉の堂が竣工するまでには、なおしばらく作事工期を要したわけである。

　ところで、この天治元年は、檀主の清衡《きよひら》は六十九歳、亡くなる四年前のことであった。「女檀」つまり女性の施主と記されている三人のうち、「安部氏」とあるのは清衡の母（安倍頼時の娘）であろう。「清原氏」は、清衡の母が再嫁した出羽清原氏の一族のうち、おそらくは江刺郡豊田館《たち》を急襲されて清衡は妻子を殺害されたと『奥州後三年記』にいう、その女性であったろう。

　「平氏」は、清衡発願の「中尊寺経」奥書に、大檀主清衡の次に「北方平氏　六男三女所生《（うまらせる）》」と記されている北の方（妻室）平氏である。

この堂は、本尊の阿弥陀如来に脇士観音・勢至の二菩薩、弥陀三尊をまつるから阿弥陀堂であることははっきりしている。が、晩年の清衡および妻室平氏にとってどういう意味、つまり私的な持仏堂であったのか。あるいは、大きく清衡の中尊寺建立の意図に沿って思いを汲むべきであるのかどうか、ということである。

一つには、清衡は、生前に死後の菩提を祈って逆善（仏事）を修し、百カ日仏号を唱え眠るがごとく亡くなったという（『吾妻鏡』文治五年九月十七日条「寺塔已下の注文」）。昭和二十五年の御遺体学術調査では、清衡は晩年、脳卒中で倒れ半身不随の状態であったこともわかっている。そういうこともあわせ考えて、ただひたすら浄土を欣求《ごんぐ》し、極楽往生を願って止まない浄土願生者清衡の持仏堂として、私的な祈りの場と解することができる。なぜ、そう云えるか。

それは例えば、清衡に書士として仕えた散位《さんい》道俊という人がいた。その最期《さいご》も「朝夕に弥陀仏を念じ、あるいは観音経を誦《じゅ》す。かねて命期を知り、ひとり持仏堂に入って、西を向いて臥し、念仏して入滅した」（『三外往生伝』）と伝えられている。

清衡が没してわずか三年後の、身近な道俊のこうした事例が見られるからであり、また、金色堂が三間四方、一辺が約5・5メートルという小堂であることも、持仏堂と見なすのにふさわしい、ともいわれる。

いや、そうではなくて、もっと深く清衡の素意を汲んで受けとめる所見がある。単に清衡が、私だけの往生を願うといった狭小な解釈は、そもそも中尊寺建立の趣旨にもとる。清衡は、『中尊寺供養願文』に、自らを「東夷の遠酋」と称し、前九年・後三年の戦いの中で命を落とさしめられた幾多の霊を、敵味方の別なく「浄刹に導かしめん」と願った。その深意を汲めば、それは自分一人だけの往生でなくて、押しやられていったみちのくの人々、敵味方すべての冤霊《えんれい》の菩提を弔うというところから受けとめなくては十分でない、という見解がもう一方にある。

そう思われる手がかりも、あげておくことにしよう。

それは、前の棟木墨書に女檀として、清衡妻だけでなくて先ず安倍氏（清衡母）を書き、つぎに後三年の戦で命を落とした先妻清原氏を書いていること。また、清衡の後、二代基衡・三代秀衡と、「奥」を治めた御館《みたち》＝平泉当主がそれぞれこの小堂の中に眠っているという事実、しかもそれが遺体を永世に残し伝えようと意図したことからも、自分の往生のためだけでないことが頷《うなず》けるからである。

ただし、これは二者択一的に、どちらか一方が正しくて、もう一方は誤りというものではないだろう。また、私人としての欣求《ごんぐ》浄土の願いが為政者としての死後の経営に劣る、というようなことでも決してない。

ともすると、われわれの物差し、今日的な価値判断を押しつけてしまうことにもなりかねないので注意したい。

この「皆金色《かいこんじき》」の堂には、創建当初、固有の名称はなかった。ただ単に、「御堂」とか「光堂《ひかるどう》」と呼ばれていたのかもしれない。現存するものの中で、「金色堂」と書かれたものは、清衡が没してから五十年ほど経って、紺紙金字法華経の奥書に「奥州磐井郡　関山中尊寺金色堂」とあるのが初見で、これは、三代の秀衡が亡父基衡の追善に法華経を書写し金色堂の霊前に供養したものである。

当時の人々は、来世というものが在るかどうか、などと疑ってはいない。どうしたなら浄土に往生できるかであり、念仏を唱えることも、法華経を書写することも、別のことではなかった。

旧覆堂のこと

昭和四年に「国宝保存法」が制定され、その翌年、金色堂と旧覆堂（鞘《さや》堂）の修理工事が実施された。

木造建築の金色堂が、しかも木瓦葺《こがわらぶ》きの漆箔の堂が八〇〇年以上の歳月を経て現在まで残ってきたということは、金色堂をそのまま覆い包む、まさに屋上屋を重ねた形に「覆堂」が正応元年（一二八八）に鎌倉幕府によって建てられ、ともかくも直接雨露に当たらずに済んだからである。

さて、平泉を征討した鎌倉幕府が、奥州藤原氏三代の柩が納められている金色堂に覆堂を造立した真意はなんであったのだろう。純粋に、金色堂を保護し永く伝える、ただそれだけであったのかどうか、その辺の事情も見ておくことにする。

鎌倉幕府の公式記録である『吾妻鏡《あずまかがみ》』の中に、たとえば北条政子の夢に甲冑《かっちゅう》姿の秀衡法師が現れて、平泉の寺塔荒廃を恨み語ったという。そして「もしはかの霊魂か」と記している（建暦三年四月）。また、「義経といい泰衡といい、さしたる朝敵に非ず。ただ私の宿意をもって誅《ちゅう》」されたものである、と書いている。ここの「私の宿意」という私は、頼朝であり、ある

金色堂（瓦葺）旧覆堂

いは源家にとっては、といった意味に解していい。明年は泰衡奥州の藤原氏が滅亡して六〇年になる。明年は泰衡ら一族滅亡の年と同じ干支に相当する（宝治二年二月）、などと記述しているのをみると、やはり気になっているわけである。藤原氏四代の遺骸が納められている金色堂をそのまま閉ざす、怨霊《おんりょう》封じの意図があったのかもしれない。それが結果として、文化財を保護することになった、そう云えなくもないだろう。

昭和三十年当時、「鞘堂」と称《い》われた旧覆堂の中は薄暗くて、金色堂内の金箔もほとんど剥落《はくらく》し、わずかに奥の壁面に名残を留めているだけであったが、古材（青森ヒバ）のあの匂いと、内陣の巻柱に残っていた白い螺鈿《らでん》細工（夜光貝）の印象が、まだ小学生だった私のなかにも、不思議にのこっている。

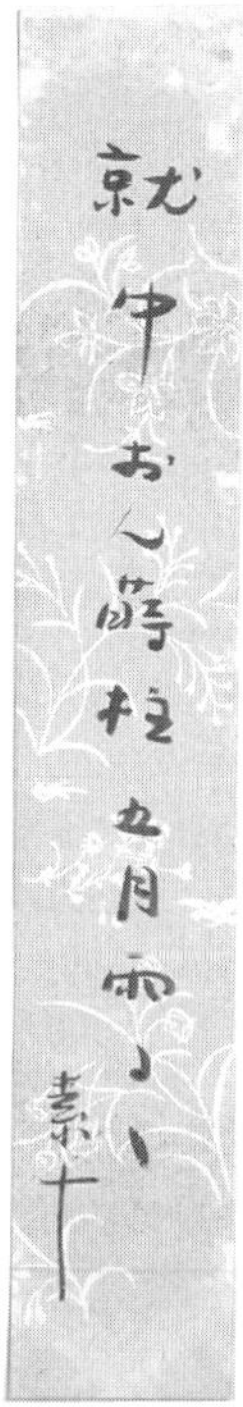

就中《なかんずく》おん蒔柱《まきばしら》五月雨るゝ　　高野素十《すじゅう》

（昭和二十八年六月『野花集』）

「ベールをぬいだ金色堂」

金色堂および覆堂の修理は、明治三十年、昭和五、六年、そして同三十七年から六カ年にわたる解体修理と、わずか七〇年ほどのあいだに、堂全体の修理工事は三度に及んだ。

しかし、その時代としては止むを得なかったにしても、今から見れば、発想といい工法といい、考えさせられてしまうことが少なからずあるのも事実である。

明治三十年の修繕は、今日から見ると、なんとも手荒な仕様に思われる。堂の内外に鉄パイプの支柱を立て補強し、これ以上堂が傾き破損するのをなんとかくい止めたといった恰好《かっこう》であった。直径一寸五分のパイプは床板を貫いて柱礎石の上に立っていた。内陣後方の二本は、須弥壇にかかり、壇を切り詰めてしまっていた。

ただ幸い、徹底した全面修理は控えている。いずれ技術陣容が揃う時代を俟《ま》っていてくれたものであろう。あるいはこのあたりは、「古社寺保存法」の制定を奨《すす》め、金色堂の大修繕に設計監督の立場にあった伊東忠太の識見であったかと思われる。ちなみに、伊東は東洋建築史の体系を樹立し、古建築の保存に尽力した。法隆寺の柱の膨《ふく》らみをギリシャ建築のエンタシスと比較して最初に論じたのも伊東である。

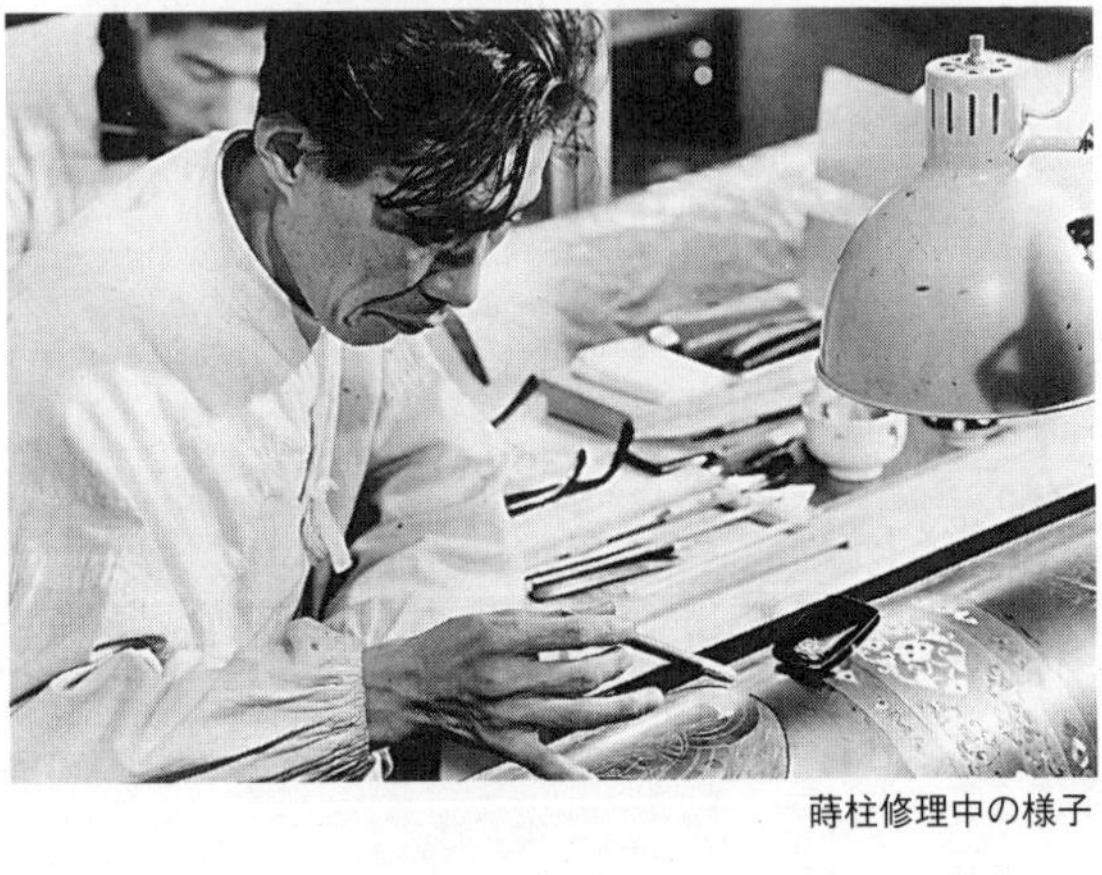
蒔柱修理中の様子

昭和五年から翌六年にかけて、覆堂の解体修理と金色堂の屋根および床下の基礎工事をしている。覆堂の構造からくる傾斜やひずみが、金色堂そのものに影響していたので、覆堂を一旦

衆議院文教委員会現地視察

解体して、全体的に補強し、腐朽《ふきゅう》した材を取り替えた。鎌倉時代に覆堂が建てられてから六四〇年、ベールを脱いだ金色堂が見られたわけである。そして、明治の修理による鉄パイプの支柱を撤去し、全面的に礎石を据え直した。床下を厚くコンクリートで堅めたから、これで磐石《ばんじゃく》の補強ができたと思ったであろう。だが、土間のコンクリート打ちはかえって湿気をよぶことになった。雨期には表面に結露《けつろ》し、束《つか》柱の腐朽が心配された。

昭和三十六年六月、衆議院文教委員会（委員長浜野清吾、委員は坂田道太・中村庸一郎・山中吾郎、専門員石田幸男、ほか）が現地視察し、ようやく本格的な調査、修理工事の軌道に乗った。当時、新聞は「荒れる中尊寺金色堂」「解体修理ぜひ必要」と報じている。

翌年、「国宝中尊寺金色堂保存修理委員会」が発足した。

委員長　藤島亥治郎（工博・東大名誉教授・
文化財審議専門委員）

委員　大岡　実（工博・文化財審）
服部勝吉（文化財審）
松田権六（漆芸・文化財審）
溝口三郎（文化財審）
森　嘉兵衛（史学・岩大教授）
石田茂作（文博奈良博館長・文化財審）

これに中尊寺から執事の佐々木実高《じっこう》が委員会に入った。

工事監督は服部勝吉、主任が五十嵐牧太（文化財建築技師）。

専門的な調査は、東京国立文化財研究所に委託し、金箔や黴《かび》の分析は江本義理、X線透

国宝金色堂保存修理委員
（前列左から）大岡　実・藤島亥治郎・松田権六・佐々木実高
（後列左から）溝口三郎・服部勝吉・森嘉兵衛

視調査を関野克・登石健三・石川陸郎が担当した。

旧覆堂が取り払われて、金色堂が本来在ったままの姿を再び見せたのは三十八年二月。「アサヒグラフ」四月号は、「ベールをぬいだ金色堂」として大きく報じている。

たまたま、その時期に訪ねてきた作家の杉本苑子は、こう書いている。

豪華なものの荒廃は、粗末なもののそれよりも、むごさが目立つ。丸柱のきず口から覗《のぞ》くと、布と漆を幾重にもかさねた工法のおどろくべき贅沢《ぜいたく》さが理解できるけれども、生き身の女体につけられたもののように、きずは痛ましく感じられた。修復によって彼女の老化は拭い去られ、みずみずしい創始の若さを取りもどすこととなった。

（「光堂幻想」毎日新聞）

「歳月というのは非情だな」と、杉本は歯がみするような思いを味わっていた。

「亡びの美」

しかし、世紀の大修理になる金色堂保存解体修理の着工に異をとなえる人もいた。写真家・土門拳の著から要約して再録させてもらう。それから、中尊寺の反論を読んでほしい。

「中尊寺――形あるものは亡びる」

中尊寺の撮影に当たり、筆舌に尽くせぬ御厄介になったぼくだが、解体修理成った金色堂の写真を前にして、一言申し上げるを禁じえないのである。

ぼくが我が身の人一倍重いのを悔やんではうように動き、毀《こわ》れ物を扱うようにライトをセットしたとき、八百年の歴史を背負って淡い光を放って見せた金色堂内陣は、もはやない。八百年の歴史はきんきらきんに塗り込められてしまったのである。もちろんこの解体修理に際し、日本一流の技術陣が総出で当たられたであろうことは、ぼくも聞き知っている。しかしこの技術陣にして、果たして八百年昔の技術は完全な形で継承されていたであろうか。（中略）

よしんば技術が、あるいは材質が、八百年の歳月を完全に埋め尽していたとしても、ぼくは解体修理それ自体に賛成できない。いかに八百年をさかのぼった姿に近づいていようとも、それはあくまで八百年昔の真似ごとにすぎぬからである。厳然として存在した歴史を模倣することは、それがいかにうまく真似られようとも、真実とはほど遠いものになってしまうのである。

金色堂内陣須弥壇①

金色堂内壁②

金色堂内壁③

漆の剥《は》げ落ちた跡に残る螺鈿《らでん》は、いつも鋭い光を放っていたし、緑青《ろくしょう》の浮いた打ち出しの孔雀文《くじゃくもん》は和菓子のようなやわらかさだった。ぼくはこれらに好んでカメラを向けたものである。あの金色堂は消え去り、昭和元禄出来の金色堂に変容してしまった。…消えた金色堂を悔やむのはぼく一人だろうか。日本の文化に心ある人は、少なからず嘆息しておられることだろう。また、中尊寺に詣でる人たちは、果たして金ピカの金色堂に驚きの声をあげるために登山されるのであろうか。ぼくはそうは思わない。日本人の生み出した文化の、八百年の歴史に頭《こうべ》を垂れたくて、岩手県平泉を訪れるはずである。今まさに崩れんとする金色堂を前に、八百年の歴史に思いを馳せるために、中尊寺に詣でるのである。

「形あるものは亡びる」、亡びるものは亡ばし

金色堂内陣

めよう。剥げ落ちる金箔は、剥げ落ちるにまかせておけばよい。「形あるものは、命あるものは、いつかは亡びねばならない」ものなのである。亡びつつも美しさは衰えることなく、そして昇華する一瞬においても、美は消え去りはしないのである。

（土門拳『古寺巡礼』第四集）

「亡びの美」に惹《ひ》かれるのは、土門拳だけではなかった。

金色堂の保存解体修理がその緒についた当初から、「復元修理は八百年という時代の経過を塗りつぶすことになる」といったような声も、一部にあったようだ。形あるものは、いずれは滅びる、それを、永世に保存し伝えるべきだなどというのは、人間の感傷でしかない、というようなことを語る人は、いつの世でもいるものである。

かつて、昭和十一年の六月に平泉を訪れた種田山頭火《さんとうか》もそうであった。

「平泉　毛越寺旧蹟、まことに滅びるものは美しい！

草のしげるや礎石ところどころのたまり水」

そして中尊寺金色堂に至るが、

ここまでを来し水飲んで去る

『草木塔』

と、「匆々《そう》汽車に乗っ」て帰った。山頭火には極楽浄土は縁がなかったのであろう。水を飲んだだけで引き返した。金色堂のすぐ下に閼伽《あか》水がある。当時は、月見坂を上ってきてここで湧き水を汲んで飲む人が結構いた。山頭火はことに焼酎が好きで、よく水を飲んだ。そして早々に汽車に乗ってまた放浪の人になっている。山頭火は山頭火なのである。

けれども、「亡びるものは亡ばし」たらいいといった、そういう考えに対して、文化は創造とともに、継承するものであるという文化観に立った佐々木実高の草稿が残っていた。

「文化財保護の使命に良識ある理解を」

文化財は、未来につながる歴史のほんの一時期、言いかえれば、今のいまに生きてそれを観る者だけのものではない。幽《かす》かな裡《うち》に滅びるのも宿命と、そこに一種の滅びの美を感受する人もあろう。しかし、これを後世に伝え、見学鑑賞にたえる状態にとどめる使命が、ひとつわれわれのもとにはある。民族の遺産を子孫に伝える目的を、中尊寺は敢えて選んだ。ここに、金色堂修復、覆堂新築の必要が生れた。

つい最近まで、金色堂はゆるやかな崩壊の危機にさらされていた。さらさらと散り舞う金箔の粉を、薄明《はくめい》の内陣で目撃するのは困難であっただろうか。事実、自然の摂理《せつり》のままに、また、人びとの吐く息の一粒の湿気のために、巻柱は朽ちかけ、須弥壇《しゅみだん》を飾る鏨《たがね》の華《はな》は、錆《さび》ついた。この先、数年を待たずに、由緒ある金の小堂は、見るかげもなく潰《つい》える哀しい現実に晒《さら》されていたのである。

そこで、中尊寺は、現代技術の粋《すい》を集め、金色堂そのものの美と価値とを損《そこ》なわぬよう、細心の注意をもって修復することに踏み切ったのである。（前後略）

これは、当事者というか、寺の者としては当然の主張であった。

もし、四十年前、あのとき「亡びるものは亡ばしめ」てかまわないと、そのままにしていたならば、すでに今ごろは、一般の拝観に耐えられるような状態ではなくなっていたかも知れない。毎日、大勢の参拝者が持ち込む湿気と塵《ちり》は、想像する以上のものである。しかも、山上の境内、堂宇が老杉に囲まれている立地条件からして、冬の凍結、夏の多湿は建造物に大いに影響する。あのまま手を拱《こまね》いていたなら、おそらく今ごろは限られた期間にだけ、限られた一部の人にしか拝観は許されなくなっていたのではないだろうか。

実際、金色堂修理にとりかかってX線で撮った写真で見ると、七宝荘厳の巻柱も四本のうち、奥の二本はほとんど空洞のようになっていて、建築工体として上部を支える用をなしていなかったのである。

「いつも鈍い光を放っていた」ように見えた螺鈿《らでん》の文様も、八百年昔からそのままだったのではない。剥落《はくらく》した所は、落ちた螺鈿の貝片を明治の修理で拾って修繕されてあったが、必ずしも厳密に元の位置に収まっていなかった。というより、かなり移動していた。今回、それらをやり直し埋め替えしたところが大分ある。

そして、心配された床下のコンクリートは、なんと「厚さ一尺にも達し」ていた。これでは水を上げるわけである。

修理に携わった人についていえば、文化財の調査官だけでなく、当時は漆工芸にも建築の方でも、それぞれに経験豊富なその道の大家がそろっていた、ということもある。

巻柱（修理前）

巻柱（修理後）

あの時代（昭和三十七年～四十二年）だからあれだけの大修理ができた、とよく言われるのもそのためである。

ところが実際には、大修理は金色堂を蘇らせただけでなくて、あらたな難問を抱えることになったのである。

＊

堂そのものが一つの漆工芸品のような金色堂を、しかも、創建以来八四〇年も経て湿度や虫害に蝕まれ老衰した堂を、鉄筋コンクリート造りの新覆堂の中に収め、ガラス・スクリーンで囲って除湿機で空調管理するといった方法で、なにも問題が生じないわけがなかった。後になってみれば、問題は起こるべくして起きたともいえよう。

昭和の大修理の「保存修理委員会」の構成は、あくまでも建築・漆工の修理が主であり、あとのこと、保存施設、建築環境について科学的なデータや検討は、あまり重視されていたような形跡がない。

金色堂をガラス・スクリーンで囲めば、外からの塵や湿度を防ぐことができる。それでもし、湿度が高くなった場合には除湿機を何台か置いておいて、スイッチをＯＮにすれば済むだろうと、当時は空調の影響などほとんど考えていなかったようで、これが拙《まず》かった。

金色堂の下の地層は、岩盤である。昭和五十三年の宮城沖地震のときも影響はなかったから地震には強いのかもしれないが、それは、巨大な冷却体を下に抱えているということであるから、夏に、ガラス・コップに氷水を容れたのと同じで、スクリーンの外面は結露《けつろ》してしまう。梅雨の季節には、一日に何度もガラス全面を拭かなければ、中の金色堂が見えなくなってしまった。スクリーン内も、毎日のように除湿機を使ったからこれも想定外で、金色堂の壁面の漆にもろに影響してしまった。

寺では、文化庁の担当に何度も事態を説明し、技官の派遣を願い出た。ようやく実見に来てもらったが、短時間の立ち会いで所見は「別に、異常とは認められない」との回答であった。しかし実際、後方壁面・扉などは、創建時の古い漆と補修した新しい漆とで亀裂が生じ、剥離の損傷が進行してあそこにも此処にもカビが発生して影響が出ている。到底このまま放っておくことなどできなかった。

「世紀の大修理」で永久保存になったはずが、わずか十五年かそこらでやり直す必要があるとは、行政としてはいえなかったのかもしれない。

間もなく、読売新聞・日本テレビがその事実をスクープし実態を報じた。

昭和六十年、中尊寺は独自に覆堂南側に風《かざよけ》防室を設置する一方、専門家による調査委員会を立ち上げた。

委員長　関野　克（東大名誉教授・工博）

委員　濱田　隆（奈良博館長）　鈴木嘉吉（文化庁文化財鑑査官・工博）

宮野秋彦（名工大教授・工博）　江本義理（東文研保存科学）

森　八郎（文化財虫害研究所長・農博）　鈴木友也

ほかに、温湿度の測定・解析と微生物の調査を東京国立文化財研究所に委託した。前の、解体修理の委員会と違うところは、建築環境学の視点からの所見を主軸に協議し、データの裏付けに依ったことである。

こうして、翌年一月から調査と協議を重ね、あらためて保存施設（新覆堂）の内部を徹底的に改修した。まず、金色堂の床下束《つか》石の基礎周りを防湿加工、ガラス・スクリーンの中を広くして容積を大きくし温湿度を安定させた。屋根も改修して日射熱の影響を少なくし、とにかく可能な限り温湿度の大きな変化を抑える工夫をして、センサーで常時測定管理できるようになったのが現在の金色堂の保存環境である。工事は三年四カ月を費やした。

国宝・金色堂の保存施設は、ようやくこれで問題は解決した、とだれもがそう思っていたわけである。

M君のレポート

しかし、三年前にある学生のレポートを読んで、私は考えさせられてしまった。

金色堂は、いままで歴史の教科書やテレビでしか見たことがなかった。私が知っていたのは、金箔を貼りめぐらした御堂で、保護のために御堂全てを囲ってある、ということぐらいで、実際に入ってみて、意外に小さい、というのが最初の印象だった。写真などで見ると、大きく見えたのだが、そうではなかった。やはり、実際に見ることが大切である。

覆堂の入り口から少しずつ先へ進むと、他の参拝者たちが「小さな金閣寺だ」とか、「キラキラしててすごいね」などともらしていた。

しかし、私はそういう感想をもつことはなかった。ただ、悲しくなった。

これまで自分が見てきた仏教美術といわれるもののなかでも、たしかに文化的価値の高い、至宝だとは思うのだが、あの、ガラス・スクリーンが私を悲しくさせたのだ。まるで延命装置をつけられ、無理やり生かされている生物と変わらない姿に感じた。完璧な（を期した）文化財保護が裏目に出た結果だった。

正直に言えば、金色堂は、文化財であると同時に、文化財保護のために生れた負の遺産と言える、と私は思う。

そういった文化財を今後生まないためにも、金色堂を多くの人に見てもらいたい。


一昨年、大学で私の「文化財基礎講座」を受講していたM君のレポートの一部である。レポートの提出を求めた際、どの時代のどの地方の何についてとも、こちらからは特定はしなかった。郷里の寺社を訪ねてもいいし、博物館に行ってもいい。建築・絵画・彫刻いずれでも、実際にその物と向かい合って観て、人が何のために、どんな思いでそれを作り、あるいは造らせたものか。その土地の人々は、それをどういう思いで、どのようにしてこれまで護り伝えてきたのか。将来にわたる保存上の問題をもあわせて考えてみるように――と、宿題にしておいた。

文化遺産は、そのものが在った土地に、こちらから出かけて行って、その地方の山河のなかに佇《た》って観て、思いかつ考えることが大切である。仏像を、ただ定朝様《じょうちょうよう》とか衣文《えもん》線の時代趣向とか、美術史の知識の上でだけ捉《とら》えて物を言ってほしくなかったからである。

ところが、M君には、国宝・金色堂の保存施設が「まるで延命装置」に見えた。目の前のガラス・スクリーンが彼を悲しくさせ、これは文化財保護のために生れた「負の遺産」だというのである。

この視点を軽く見過ごしてはいけない。なにか大切なことを語っているように思われた。たしかに、金色堂解体修理の当時も保存復元に異を唱えた人はいたわけで、私は、このレポートを読みながら、かつて土門拳が著いた「亡びの美」を、あの頑固そうな顔《マスク》とともに思い出していた。

これでは、金色堂は復元修理され保存管理されている貴重な文化財、というそれだけのことではないか。果たしてこれで、建立者・藤原清衡やその一族、同時代の平泉の人々が、この堂に向けたひたすらな往生への願い、そして父祖の霊に見守っていてもらいたいという後継者の思い、祈りが感じとれるだろうか。堂の正面に佇って本尊に対峙《たいじ》していても、ガラス・スクリーンで間を遮《さえぎ》られているようで、彼方《あちら》からこちらに回向《えこう》される救済（還相《げんそう》回向）のようなものが伝わってこないのではと、そう感じたとき、応《こた》えは一つである。

われわれ寺の僧が、朝夕、金色堂のなかで拝んでいなければ、仏堂として大事なものが欠けているのである。そのために回廊を踏んで内陣まで、毎日歩けば床の金箔も当然剥げてこよう。それでいいのではないか。相対湿度も二〜三%は上がるかもしれないが、それが避けるべき絶対的な事柄なのであろうか。

多分、スクリーンの外から拝んでも同じこと、などといわれるかもしれないが、中で拝まない仏堂はやはり空洞になり、がらんどうになってしまう。

皆《かい》金色の「光堂」も祈ってこそ、拝んでこその欣求《ごんぐ》浄土、願ってこその浄土である。むろん、これまでも中尊寺貫首《かんす》は折々、金色堂に入られ仏前に読経されてきた。また、藤原四代それぞれの御命日には、一山僧衆もスクリーン内に入り堂の前に列立して読経してはいる。だが、日常の勤行として、乃至は一定の日数、心して堂内に入り経を読誦することが保存管理上、無理なのであろうか。保存のために、絶対に避けるべきことなのだろうか。

われわれでも、余所の寺院を参拝したとき、常々拝んでおられる堂とそうでない所とは、すぐわかる。今朝、拝んだあとには残り香というか、なにか気のようなものが堂内に残っているものである。それが感じられなくて、M君を悲しくさせたのではないか。

それは、現代人が陥りやすい科学絶対の風潮に対する警鐘でもあろう。

金色堂を、延命処理された歴史的文化遺構としてだけでなく、あくまでも仏堂として、常々に輪番の御僧なりが堂内に坐して拝まれている、信の用をなす処に戻したい。そうでなければ、金色堂は単なる「みちのくの宝石箱」になってしまう。

われわれは、金色堂をどう受けとめたらいいか。前述したように、清衡の持仏堂として、あるいは、清衡一人でなく広く中尊寺建立の趣旨に則《のっと》った見方があるといったが、ここに多田厚隆前貫首の講説を抽出して、読者と共に思いを深く致す資としたい。

平安末期、当時の思潮として、厭離穢土《おんりえど》、欣求《ごんぐ》浄土と申しますが、全奥州を仏国土となさんとの弘願《ぐがん》を成満《じょうまん》した清衡公においては、厭離する所がない。しかも（『吾妻鏡』文治の注文に）その最期を記して、逆善を修し結願成就したと伝えておりますことは、滅罪をすませ往生得脱の用意がなされておったわけです。往生とは言いながら、現在の瞬間々々のなかに無限の生命の上に乗っている、これが無量寿であり、絶大なる往生の浄土がそこに実現するのです。（天台の）円頓《えんどん》の教えでは、往生と即身成仏のあいだに隔たりはありません。

金色堂というものも、他方世界としての西方十万億土の彼方にあるとする浄土を具現したというだけでありません。清衡公が身を以て行じた浄土として、現当二世にわたる仏厳《ぶつごん》浄土、娑婆《しゃば》即《そく》の寂光土と、そう受けとったとき、いよいよの光輝を拝むことができるのです。南都北嶺《なんとほくれい》の仏教と趣を異にする、他に類例を見ない平泉仏教というものが、はじめて了解されてまいるわけです。

（『多田厚隆大僧正講話集』／大聖院）

訥《とつ》々とこう話された、在りし日の老師の息遣いまでが耳に残っている。

これを頭で、言葉の意味を理解しようとしても師説の本当のところがわかるだろうか。むしろ、霧の中を歩いているうちにいつしか衣もしっとりしてくる譬《たと》えのように、語られた言葉を身近において、折々思い起こし思案してみるうちに、いつか気づき、納得することもある。その方がまじりけがなくうけとめられる場合がある。

華鬘《けまん》揺れ浄土の梅雨ぞ寂《さ》びにける　水原秋櫻子　（昭和二十八年六月）

名匠の見る目

松田権六「それでよろしいのか」

仏像や仏画の荘厳《しょうごん》に、「截金《きりがね》」という伝統的な装飾技法がある。金箔を線や菱形に細く切って貼りながら文様を構成するもので、金色堂の六体の地蔵菩薩像の衣文《えもん》にも見られる細密で変化に富んだ線の文様である。

截金彩色の話で、前々から気になっていたことがある。もう、三〇年近く前になるが、松田権六（漆工芸家・金色堂修理委員）からいただいた手紙が、自坊に今もある。それには亡くなった父実高への弔意を陳べてから、追伸にこう認《したた》められていた。

金色堂内の截金彩色のことが、修理報告書にも何処《どこ》にも記録されず、日本一尊い金色堂の価値を人々に知らせないことは遺憾に存じます。金色堂拝観の人達も、その説明を知らない。が、それでよろしいのか。

いわれた『金色堂保存修理工事報告書』をあらためて捲《めく》ってみた。それには「内部外陣の壁に截金彩色をしたかと思われる痕《あと》があった」とは書いているが、委員のなかにはそれを「箒目《ほうきめ》の痕ではないかとか、むらを直すための下塗りではないかといったような意見もあって、確認はできなかった」と報告している。
截金彩色が見える松田は、大いに不満だったらしい。
その手紙をいただいて十年ほど経って、たまたま氏のエッセイが目に入った。

「光堂内に截金彩色を発見　松田権六」
中尊寺金色堂が昭和の大修理で解体されて東京国立博物館にあった時のことである。内壁の板を調べていて驚いた。金箔が剥げた下に截金彩色の天衣（天人の衣）の断片がヒラヒラとたなびいているのだ。さらに入念に探すと、ある、ある、ある、民家の板塀の一部、屋形のてっぺん、膝の琴に手をおいた奏楽の図など七、八種類。細川護立（文化財委員長）、倉田文作（奈良国立博物館長）ら専門家諸氏ものちに見て認められた。執事の佐々木実高師は聖衆来迎図ではなかろうかと言われた。

（「白い国の詩」357号／創童舎）

しかし、京都在住の截金技術の人間国宝・斎田梅亭は初めその話を認めなかったという。「截金作業は垂直面ではできない。だからそれは金泥画だ」と否定した。

それで松田権六は、垂直で截金をやったという何か証拠をつかもうと、平泉の現場に来て何日も探した。そうして、「長さ二〇センチほどの灯心の木（髄を押出してランプの芯にする木）三本、何れも中空の内側には金箔がこびりついている」のを見つけた。

『修理報告書』には記載されていない、階段・裳の上で弾琴・天衣の一部・家屋の一部・樹幹・板垣・水文の描写を、エッセイに付して前記の誌上に描写しているのである。

修理委員会では、金色堂内全面に金箔を押すという当初の案は中止した。（あるらしい）截金文様は埋没を免れたが、「詳しい調査が未だされぬまま過ぎているのは痛恨の極みである」と、松田は私に宛てた書簡に述べて文を結んでいた。

後年、「しかし、中尊寺としては、内壁の截金彩色が修理委員会としての結論になっていないので……」と躊躇《ためら》う私に、こう言われた。

「見る目がない人には、見えない――。」

人間国宝・松田権六が、文化財保存を語るわれわれに残した、重い言葉である。

大場松魚「みな、置いてきました」

講演を頼まれて金沢に行った。金沢には是非、訪ねたい方があった。金色堂解体修理に、当時、来る日も来る日も取り組んでいた漆芸家・大場松魚《しょうぎょ》である。

最近、NHKテレビで、昔の「新日本紀行」を取り入れながらその後の大場家の人々を紹介した番組を見た。映像で大体の様子は察することができたが、なにせ松魚氏は九十歳を越えられているはずで、会っていただけるかどうか——。

「北國新聞」OBの方が、私の話を聞いて照会の電話を入れてくれた。

翌日、雨の中を、そのOBの方に案内いただいてお宅を訪ねた。応接室に通されてすぐ、目に入ったのが松田権六のA3大の写真であった。

挨拶もそこそこに、私は、最近の『国宝・中尊寺展』の図録を卓上に展《ひろ》げて金色堂の話に入った。

「そうです。この、七宝荘厳《しっぽうしょうごん》の巻柱。この辺りの復元は大変でした。元の通りに復元するのですから、まず正確な模写が必要です。で、実に詳細な模写ができて、文部省の方も、委員の先生方も、それを称賛したんです。

ところが、松田先生は、この模写は模写になっていない、駄目だといわれたんです。細密、的確に線描してあるのにどこが駄目なのか、となった。そうしましたら、原物をよく見なさい。実際にはどこにも線なんか引いていない。線に見えるのは線を引いたのではなくて、画《か》き割り（鑢粉《やすりこ》を蒔《ま》き残して表現する技法）してあるのが線に見えるだけなんです。当時の、柔らかい描線、すばらしい感覚ですね。先生は実に博学でした」

ところで、須弥壇後方の壁面に、截金文様があると松田先生は仰《おっしゃ》っておられますが……。

「そう、仰ってました。で、そう言われてよくよく見ますると、何か描かれているように見えるんですね。たしかに、なにか画かれているのが部分的に……」

――螺鈿細工は、屋久貝のあの外側の凸面・ざらざらした方を表にするというのは……。

「そうですよ。内側のつるつるした凹面の方では、折角、唐草文様にして見せても光が内側に集まってしまって、あのように輝きを発して見えないわけですよ」

「修理の仕事は、いろいろ勉強になりましたよ。しかし、あの修理は復元ですから、技法も、使う物も創建時のままです。今の自分の感覚とか、技量とかを発揮するのではなく、あくまでも本来在ったとおりにやるのです。参考にしたもの、模写したものも、それらすべてあちらに、文部省の方にみな置いてきました。わたしのところには何も残っておりません。もう、すっかり忘れてしまいました」

われわれは辞すことにした。

外は、まだ小雨が降っている。玄関のところでご遠慮申しあげたのだが、九十歳を過ぎた人間国宝が、雨の中を道まで出て見送ってくださった。

金沢市から人間国宝が、なんと八名も出ておられると伺った。まさに、歴史と伝統のある土地が育んだ「人」である。

「みな置いてきました」

淡々と語られた大場氏の枯れた境地は、すでに生死を離れた一種諦観のように想われた。

斎藤　忠「みんなが覗《のぞ》くときは、離れて見ていた方がいい」

昭和二十七年から始まった無量光院跡の発掘調査で、田んぼの中にわずかに残っていた礎石をたよりに、翼廊のついた本堂を現出し、中島をもつ池の姿が確認された。発掘現場の責任者だった斎藤忠は、随想「平泉の土地」にこんなふうに書いている。

池の東北は猫間ケ淵に接し、遠く借景として東稲山をとりいれた環境は、鳳凰堂の正面に宇治川が流れ朝日山を借景とする宇治の平等院を彷彿とさせるものであり、平等院の地形を模してつくった秀衡の真面目が実地に裏書きされたことも興趣あることであった。その頃、私は、ながい滞在であったので余暇をもって平泉の土地のすみずみまで歩きまわった。

ところで、無量光院跡の東側、猫間ケ淵を挟んで伝「柳之御所」遺跡がある。後述するその柳之御所遺跡発掘調査が進んで、平成二年にそこから寝殿造《しんでんづくり》の建物を描いた板絵や、漆塗りの下駄、漆塗り椀、おびただしい数の土器《かわらけ》や陶磁器片、宝塔・金鉱石、そして折敷《おしき》（膳《ぜん》）を利用した墨書資料などが出土。まさに出土品ラッシュの様相を呈した。翌年には近接する伽羅之御所《きゃらのごしょ》跡の井戸跡から和鏡と鏡箱が発見された。現地説明会には、史跡平泉の歴史に限らず、中世史・考古学に関心のある人々が全国から集まってきた。

そうしたとき、斎藤が私にこう言った。

「佐々木さん、大勢押し寄せて来たときは一緒に井戸の中を覗いていないで、遺跡から離れて遠くから見ていた方がいいンです。金鶏山や高館の方から俯瞰《ふかん》するようにして、周りの景観の中に遺構を捉えて見ておいた方がいい。秀衡の時代の人たちが眺めたのと同じ景観、地形を視野に収めておくことです。（出土ラッシュで）押し寄せてきた人の波も、そのうち退《ひ》くでしょうし……」。

＊

各地の発掘調査から史跡整備まで係わってきた斎藤は、後年、機会があればその遺跡を訪ねて、そこが実際どのように管理され、史跡としてどう活用されているか視てきて、教室でそのスライドを見せながら学生に語った。「これは、上田城址です。点々と並ぶ大きな礎石、その上に大きな花鉢が置かれていて、花も生きて、礎石も活かされて、これはこれでいいんじゃないかと……」「次の、これは大男の人形を作って遺跡のピーアールというか、客寄せさせている……。ご当地に伝わる大男伝説を活かしたつもりなんでしょうが……、どうも。

史跡の整備というと、すぐそれで観光に結びつけたりされますが、その遺跡の本来の姿、景観を損なわないように、くれぐれも、していただきたいものです。」「佐々木さん、平泉の方はどうですか。近いうち、また一度行って見てみたいですね」

*

三十年も前のことになろうか。「古代史の謎を解く」という斎藤忠と松本清張の対談がテレビ番組であった。多分、推理と考証と、丁々発止の対決を期待した企画ではなかったかと思う。対談とはいうものの、とにかくあの迫力で、松本清張一人が喋《しゃべ》っているような感じで、斎藤の方は、ほとんど聞き役にまわっていた。

番組の最後の方で、司会者が堪《たま》りかねたように、斎藤に回した。

「……これまで実際に調査研究をされてきた考古学者の視点から、いかがですか」

「えェ、とても面白く聞かせていただきました。探究心が深くて、いろんな問題について、いろいろ著かれてもおられるし……。これで、歴史の研究の仕方を確《しっか》りと識《し》っておられれば、もっと良《い》かったんじゃないかと思います、えェ……。」

宮城訛《なま》りの「寸言」が効いていた。

（表紙の絵によせて）

「八百年のあいだ、ずうっと踏んづけられたまま、この格好で耐えてェ、ご苦労さまでした。どうもどうも………。」

板画家・棟方志功が、中尊寺の薄暗い宝物庫で、陳列されていた天邪鬼《あまのじゃく》を見て発した挨拶である。天邪鬼は、甲冑をまとった持国天や増長天など四天王像が足下に踏みつけている鬼、というより、心がねじけ逆らう、人間の弱さの具象かもしれない。

身の上の像は無くなっても、邪鬼はそのままの恰好で、恨めしそうな目をしていた。棟方志功は、しばらくそこを動かなかった、という。

表紙の板画は、棟方氏と面識のあった父実高が、みちのくの仏都「平泉」の思いを語り悦んで制作していただいた作品で、中尊寺のポスターに使用した。

「天女の下の青は衣川です。前九年や後三年の戦いで東北の多くの人が死んだス。中尊寺が建って、みな拝まれで、安倍氏や藤原氏の霊もご供養されて、東北も鎌倉も別なく天界ではみなこうして行き交っているの……」と。

棟方志功氏の口調で、父から何度か聞いた。昭和三十年代のことであったと思う。

藤島亥治郎のことばによせて

1　「花の下で祭りのぞよめきがする」

昭和六十一年。この年、平泉は「藤原秀衡公八百年御遠忌《おんき》特別大祭」に賑わっていた。秀衡にあわせて源義経・武蔵坊弁慶も一括《ひとくく》りで、行催事は四月から十一月までの長期にわたった。この大祭を発起した中尊寺は主な催事の会場であったから、その下拵《したごしら》えから本番と、「大祭」に明け暮れていた。いや、実際は、その前年からプレ・キャンペーンとして、月一回のゼミナールを開催し、講師には、史学者・作家・俳人だけでなく、かつてご遺体を調査した生物学者も、仏師も招へいした。さらに、一般からも講師を募った。

参加を申し込んできた中には高校生もおり、角川春樹のようにすすんで講演される方もいて、毎回、大広間いっぱいの盛会であった。

大祭の柱は、やはり伝秀衡公念持仏、秘仏「一字金輪仏」の御開帳である。それを、秀衡公が寄進したと伝えられる岐阜県白鳥町石徹白《いとしろ》の虚空蔵菩薩像と並べて開扉した。

この、石徹白の虚空蔵菩薩は、秀衡公の命でこの御像に供奉《ぐぶ》してきた人々の末裔、と代々そう伝えられてきた「上村十二人衆」といわれる山人が、八〇〇年のあいだ、殊にも明治の神仏分離、廃仏毀釈の際などには、命懸けで護ってきたという確固たる自負があった。この像を余所に出したことなど、かつてなかったのである。

新聞もテレビも、終始これを大きく報道した。

また、「中尊寺　義経・弁慶画展」には、安田靫彦《ゆきひこ》・松岡映丘・上村松園ら近代日本画家の彩管《さいかん》になる義経像だけでなくて、今は、アイルランドのチェスター・ビーティ図書館の所蔵になっている、江戸時代の「義経地獄破」なども一時里帰りして展示することができた。

喜多流宗家能も、湯谷・石橋・八島・安宅といった大曲を披演。「全国伝統工芸展」も開催、「観光平泉の飛躍かけ／企画宣伝に智恵しぼる」（毎日）と、東北・岩手の「平泉」は、それなりに話題になったようである。

十一月、大祭の閉幕には、「観光客二二一万人の新記録」（岩手日報）と、平泉のこの一年をレポートしている。


しかし、こうした町あげての大祭から離れたところで、全く別な視点から、観光開発に走る平泉町の現状に鬱《うつ》々たる思いでこれを見ていた人がいた。

昭和二十九年以来、「平泉遺跡調査会」を組織し、毛越寺・中尊寺・観自在王院跡など平泉の遺跡発掘調査、史跡整備を陣頭指揮してきた藤島亥治郎・東大名誉教授である。

藤島氏は、国宝・金色堂解体保存修理委員長としてもその大任を果たされ、金色堂がよみがえった昭和四十三年、平泉名誉町民に推された。

しかし、藤島はその「名誉」を飾り物としてでなく、良識のホイッスラーとして、平泉の将来に誤り無きように、よく警鐘をならした。

著書『発掘された平泉　夢のあと』では、「平泉八醜《はっしゅう》」をあげて史都平泉の目にあまる乱発を指弾《しだん》している。さらに、その「痛烈な批判」を「読売新聞」が全国版に送信した。

いわゆるバブル景気のころである。全国どこの県も市町村も、国の補助を目論《もくろ》んだ開発や大企業誘致に奔走《ほんそう》していた。遅ればせながら平泉町も、高速交通網に連携するバイパスの建設に活路を期待していた。

史跡や景観保存を第一にする名誉町民の高説は、そうした町の姿勢に、時にブレーキにもなったから、今にして思えば、このころになると名誉町民も少々敬遠されていた感もないではなかった。


「町を貫く国道四号線の交通量増加を理由に建設省がバイパス建設を計画、これによって三代秀衡経営の伽羅の御所跡を全滅させ、柳の御所跡も大半失うことになる、ということである。……秀衡らを遠忌供養するという美名の下に華やかな祭りまでする一方で、実に矛盾した行為であり、落胆・憤懣を禁じ得ない。（略）

今日も花の下で祭りのぞよめきがする。しかし私の沈む心は消し難い。」

藤島はその嘆きを「史都の価値、守る努力を」と、「読売新聞」（六十一年五月六日）の文化欄で訴えた。

「傷だらけの古都」平泉に、国の直轄事業という圧倒的な高さでのしかかってきたのが、〈北上川一関遊水地建設計画〉であった。

2　岐路に立たされた「柳之御所跡」

一関・平泉地方は、昭和二十二年のカスリン台風、翌年のアイオン台風と二年つづけて壊滅的な水害に襲われた。その後も、三年に一度、ところによっては毎年のように北上川下流にひろがる田畑は冠水し、「洪水の常襲地帯」といわれた。

なぜ、こうも度々洪水になるか。それは、北上川が平泉から約一三キロメートル下流のところで両岸が狭《せば》まっていて、川幅が一〇〇メートルほどしかない。当然、台風やら出水時に上流から流れてくる流量を呑みきれないからである。崖岸を開削《かいさく》して川幅を広くすれば解決できるが、それには、膨大な費用がかかるだけでなく、それで多量の水がそのまま流下すれば、さらに下流の宮城県に入ってから既設の堤防を超えてしまうというのである。

そこで、狭窄部《きょうさくぶ》の上流、一関・平泉の河川域をあらかじめ「遊水地」に設定し、高い堤防をめぐらして市街地への氾濫を防ぎ、堤内に流水を溜める。堤防にかかる家屋は国が移転補償し、堤内の田畑も買い上げる。出水時には冠水して湖底になることを承知の上で、耕作を認めるが冠水しても水害とは見なさない、ということになる。

一関遊水地計画は、たしかに洪水常襲地帯の住民にとっては待望の治水対策には違いなかった。北上川の川幅を三〇〇メートルとし、標高三〇メートル、基底幅一二〇メートルの巨大な周囲堤をめぐらす。堤防は延々二五キロメートルにも及ぶ。これが、一関遊水地計画の青写真であった。

建設省（東北地方建設局）は、当初、全体事業費一三〇〇億円の大プロジェクトとして、昭和四十七年に着手した。それが、平泉の遺跡や景観への影響が危惧されてきた六十二年当時、事業費は二〇〇〇億円近くに膨れ、その一五パーセントにあたる三〇〇億円がすでに投入されていた。一関市や平泉町では、洪水対策のためだけでなくて、地域経済の活性化のためにも、北上川遊水地事業の促進を陳情してきたのである。

ことに、平泉地区ではこの大堤防にもう一つの目的があった。堤の外肩を借りる格好で、四車線（二〇メートル幅）のバイパス道路の併設が了解されていたのである。

しかし、計画そのままでは柳之御所跡が埋没してしまう上に、束稲山・北上川の景観も塀をめぐらしたように遮《さえぎ》られて、史跡「平泉」の原風景が一変してしまう。ルートの決定には、無論、そうした周知の遺跡等への影響について事前に調査がなされたはずであるが、県の文化課に取材し関係書類を閲覧したN記者の報告によると、現地踏査といっても半日、付近の地表を眺めただけ、であったという。大堤防＝バイパス建設は国の直轄事業として地元でこれに公然と異を唱える声など聞かれなかった。

なにせ、内需拡大だ、大型補正予算だ、前倒しだという状況の中で、「工事に加速度がつき、目に見えるように進む」ことを、県も、市や町の関係者も期待していた。

そんなとき、藤島亥治郎（平泉の人は、町長も商店のおばさんも、みな「藤島先生」と云った）と、元文部省文化財専門審議委員の服部勝吉の両氏を迎えて、「史跡平泉を考える集い」を、町内のそば屋「芭蕉館」の二階で催したのは、翌六十二年十月であった。「このままで、いいのかね」と、史跡平泉の憂慮すべき現状について、私は先生から電話で聞かされてもいた。服部氏は戦後はじめて毛越寺の円隆寺跡を本格的に発掘して、それ以後の平泉発掘調査や金色堂修理に、文部省としてかかわってきた人である。
その晩、芭蕉館には、中尊寺の多田厚隆貫首《かんす》（当時）はじめ、両山の主立った面々や町内の元教師、商店主など五〇人ほどが集まってくれた。

「単に一つの遺跡が失われる問題ではない。史都・平泉の姿がわからなくなる。全体像がわからなければ、中尊寺・毛越寺の建造物の意義もわからなくなる」（服部）
「現在の遊水地・バイパス計画は長年検討されたにしては、遺跡等の事前調査のあり方が情けないほど手薄で、学者として心苦しい。事業の必要性はわかるが、まず、徹底的に調査して、全容を明らかにした上で、どう調和させるかですよ」（藤島）

出席者のあいだからは、「なにせ、水害が度々ですから堤防も必要、バイパスもほしい。遺跡保存も町民としての願い。もっと全体的な調査を」といった意見も出された。

翌日、国道4号線、太田川橋のあたりから東稲山の方を眺めた。田圃には穂荷負《ほんにょう》が立ち並んでいる。田に十尺ほどの柱杭を立てて、それに刈り取った稲を互い違いに掛けて干す。「歳時記」には稲棒《ぼっち》（季語・秋）とあるが、この地方では、穂の荷を負うから「穂荷負」と書き「ほンにヨう」と発音する。その姿が穂の仁王のように見えるからだともいわれ、少年のころから見馴れた秋の風景である。

その、農村風景のなかに、白く四角い大きなコンクリートの固まりがドミノのように列をなして実在する。バイパスの下部基脚の列である。その延長がまさに柳之御所跡の遺跡にかかろうとしている。今さら有無を言わさない現実を見せつけているように目に映った。

それからの二年、私は、請われるままに講演依頼に応じて出かけた。盛岡・花巻・一関、ホテルや地区公民館、高校の体育館。求められたテーマも、聴く方の年代層もそれぞれであったが、話のなかで必然的に、岐路に立つ柳之御所遺跡について、思いの丈を語った。

▽史跡は、歴史を証明してくれる意味で、学術上重要である。が、それは学者の研究のためだけでない。「人間は、公園の中だけでは長くは暮らしていけないし、現代を過去とつなげてゆく物証みたいなものがないと駄目だ。心をなごませてくれるのは、自然だけではない」。史跡や風致保全というのは、生活環境の問題でもある、ということ。

▽「開発か保存か」とか、「人命が大事か遺跡が大切か」といった論は、環境保全や遺跡保存が問題になると必ず出てくる。この単純化された対比論でもって事業主体の側から住民に、一方的に二者択一を迫るだけで、どこにも実のある開かれた対話がない。

▽「記録保存するから」というが、しかし、発掘調査の報告書、記録はあくまで記録、刊行物であって遺跡や埋蔵文化財には代われない。

それよりも、発掘調査・記録保存が、遺跡の破壊や埋め立ての手続き化してしまっている現状が問題である。

▽そもそも、遊水地とは何なんだろうか。あらかじめ田も家も買収し、景観も一変させてしまい、大事な遺跡も埋没させてしまって、それであとは洪水になっても大丈夫、水害ではない、というのもおかしな話ではないか。

▽標高三〇メートルの周囲堤がなぜ〈絶対〉に対話の〈前提〉なのか。『計画概要説明書』には、周囲堤の中に流れに沿って高さ二二・五メートルの小堤もつくるし、「小堤が完成すれば殆どの洪水は防御することができます」というのだから、なぜ小堤の方を先に着手しないのだろうか。（そう、当局に質問したら、いつの間にか『概要説明書』のこの「小堤が完成すれば…」の記述が消えた）

今更止められない、というのであれば、たとえばあの中海《なかうみ》・宍道湖《しんじこ》淡水化事業凍結の例もある。千年の悔いを残さないように。すべては地元の良識にかかっている——。

と、あげれば言うことはいくらでもあった。

それでは一体、柳之御所遺跡はどうなる――。

政治を動かせば川は動く。河道を東に移せば遺跡は守れる。


平成二年七月、柳之御所跡発掘三年目、「保存」を求める声は高まった。県埋蔵文化財センターと平泉町教委がすすめてきた発掘調査で、大規模な堀跡、橋脚、塀跡、苑池跡などの遺構が確認され、大量の土器《かわらけ》や陶磁器片も出土して、遺跡は、政庁「平泉館《たち》」であったのではとの見解を各紙が報じた。中尊寺では「遺跡を守り後世に伝えるのが寺の責務」として保存を求めることを一山で確認。建設省岩手工事事務所に出向いて、より広範な調査と、それが済むまで築堤工事の凍結を求めたが、相手の方には聴く意思などなかった。

それどころか、「署名運動でもなんでもおやりになったらいい。いざとなればこちらも事業促進の署名を、みなさんが集めた一〇倍でも、すぐに集められますヨ」と、相手にしないといった素振りを見せてくれた。

翌日即、町内の有志とともに上京し、面会を申し込んでおいた県選出の国会議員を回って、遺跡保存の理解と協力を求め話を聞いてもらった。

「遊水地って、何？」と訊きかえす議員もいた。

「先生、床屋に行くって……」と秘書。約束を反故《ほご》にして行方をくらます議員もいた。

「もう少し資料を用意して、委員会に当たってみましょう」。ようやく、そういう返事が返ってきた。

前後して、岩手考古学会や岩手史学会も緊急声明を発表し、ルートの変更を求めた。そして平泉研究の歴史学者ら三〇名（代表・大石直正東北学院大学教授）が、保存運動への具体的な一歩として、現地踏査して遺跡の重要性をアピールし、工事計画の見直しを要望した。

3 「何もしないでいたら不名誉町民になる」

七月二十四日、「寝殿造」の建物が描かれた板絵と、墨書木片が井戸跡から出土したことが公表された。

発掘調査指導委員会（委員長・藤島亥治郎）での議論が注目された。

「平安時代の寝殿造の建物の絵は、出土遺物としてはこれが全国で初めて。絵画としても素晴らしい出来で、本格的な大和絵師が平泉で描いたものだろう」と藤島。（毎日新聞）

調査指導委員の全員が遺跡の「保存」を主張した。そして、新しい成果の発表とともに、平泉郷土館の野外ステージで町民ほか、予想を上回る五〇〇人が集まって、指導委員それぞれの所見を聴いた。

「保存は、現場に物を言わせるのが大切」（安原啓示・文化庁記念物課主任調査官）

「無量光院・伽羅の御所・柳之御所は三点セット」（入間田宣夫・東北大教授）

「柳之御所という呼称はどこからきたものか。宮中に仕える女房言葉では、酒のことを柳といっている。中国では、柳は大勢の人を集めるという意味もあった。この遺跡の保存は、文化国家としてやらねばならないことだ」（板橋源・岩手大名誉教授）

その人たちを前にして、藤島が言った。

「これで、何もしないでいたら不名誉町民になる」

新聞も連日のように、「平泉・柳之御所跡——高まる評価と保存の声」（河北新報）と報じた。

中尊寺は、全国から訪れる拝観者に「保存」をアピールして、一〇万人署名をはじめた。毎日、二〇〇〇人ほどの人が「こういう大切な所に、堤防を造るなんて……」などと言いながら列をなしてペンをとってくれた。

一〇万人の署名は、闘争のための楯ではない。かけがえのない遺跡と景観を保存する、それを実現するための話し合いのテーブルにしたかった。

署名は三カ月で、二〇万人を突破した。目標の二倍で、平泉町民の二〇倍以上になる。十一月、中尊寺から北嶺執事長ほか、岩手史学会の人と共に建設省岩手工事事務所を訪れ、二〇万人の署名簿を提出して遺跡保存を要望した。

その場で、建設省側の意向として初めて、計画見直しの可能性にまで言及した姿勢が示されたのである。

柳之御所跡の全面保存が決定したのは、それからまた三年経った後の、平成五年十一月であった。

「保存の願い　届いた」「研究者ら『英断』評価」（「岩手日報」十一月十六日）

「建設省が『満額回答』　特例中の特例強調」（「読売新聞」同二十七日）

当時の工藤知事も、「（建設省が）そこまで（やってくれると）は正直思ってもみなかった」と漏らした英断であった。

相次いだ出土品が、五年間、柳之御所への世論を支えてくれた。日本史上におけるその重要性を物語ってくれた。遺跡自体が「保存」を訴えてくれた。それが実感であった。

柳之御所の中に工房の存在を裏付ける道具類も出土し、建造物の構造も次第に見えてきたころ、藤島が「平泉館とその周辺」と題する水彩画を試作した。そしてその画中に、「彩色のされた造営物は現在までに確認されたものであるが、無彩色のものは筆者推理のまぼろしに過ぎない。二者混同されぬよう特記します」と断りを記しているのも、むしろ余裕というか、「藤島先生」らしく思えた。

「遺跡の評価は調査実績が物語っている。保存が決まり、これからが仕事である。長年にわたり平泉にかかわってきたが、まだ、平泉はわからない」

平泉遺跡群発掘調査指導委員会が事実上解散した日の、委員長藤島亥治郎の談話である。

国史跡・柳之御所遺跡からは、その後も、白磁の四耳壺や、中国景徳鎮《けいとくちん》の青白磁の碗の完形品、「磐前村《いわがさきむら》印」とある銅印も出土して、『吾妻鏡』に記される政庁・平泉館であった可能性はいよいよ強くなった。

4 「柳之御所」遺跡保存の英断に学べ

なぜ、あらためてここに「柳之御所跡」が保存になるまでの経緯を振り返って書いたか。これにはわけがある。

昨年、中尊寺の北麓を流れる衣川の堤防工事（国土交通省岩手河川工事事務所）に伴い、伝「接待館遺跡」・伝「衣の関道遺跡」などの発掘調査の結果が、スクープとして報道されて俄然、注目されるところとなった。

あらためて現地説明があり、その報告によると、発掘調査は、衣川上流から「衣の関道遺跡」・「接待館遺跡」・「細田遺跡」・「六日市場遺跡」と近接してつづき、四遺跡の調査対象範囲は約三万七〇〇〇平方メートルになる。調査の概要は、

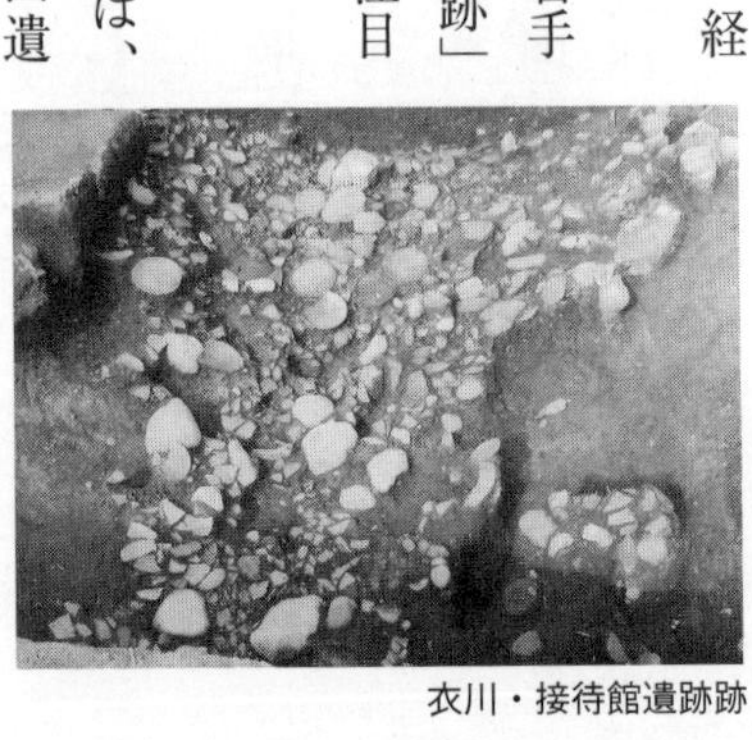
衣川・接待館遺跡跡

○「衣の関道遺跡」は、工事設計当初から「調査対象外地区」とされていたが、掘ってみたところ池跡と見られる池畔の一部、池状遺構が明らかになった。現に近くで湧出している清水が注ぎ、水源に繋がっていた。

衣川・接待館遺跡跡発掘現場

○「接待館遺跡」では掘立柱建物が四二棟、柱穴一〇五〇個、溝や堀跡七条、特に幅七メートル、深さ二メートルの堀に囲まれている。出土品は一二世紀の土器が中コンテナ一六箱、陶磁器や短刀・永楽通宝なども出土している。

○「細田遺跡」からは同じく四一棟、柱穴九〇〇個。

○「六日市場遺跡」からは、柱穴一五四個。一二世紀の陶磁器ほかが出土。

といったところで、発掘はまだ全体の六割程度しかすすんでいない。が、平泉政庁跡と目される柳之御所遺跡（国史跡）に匹敵、共通するところもうかがわれる。

また、六日市場遺跡では、幅二メートルの溝が二本、二五〜三〇メートルの間をあけて南北に平行し、間に建物の跡がないことから、広い道路跡との推測もなされている。

柳之御所跡の場合と、(一五年後の) 現在、衣川遺跡の状況とで相違するのは、建設省が国土交通省になり、前回は、国が工事途中で遺跡保存のために堤防の設計を変更した例などなかったが、今度は、その「柳之御所」という恰好の前例があるわけである。そして、藤島亥治郎というような「顔」は見えないが、平泉・世界文化遺産推進指導委員会の学識者が揃っているという点もある。

過般、東北建設局岩手工事事務所の代表と、北上川水辺問題の会合で同席する機会があった。協議が済んでから、私は彼に声をかけた。

衣川遠景

「衣川遺跡、あれ、もしかしたら柳之御所以上の規模かもしれません。是非、保存してもらわなければと思うが、柳之御所のときのように、また再び、同じようなことやらなくてもいいですよね」

「わかってます。われわれも柳之御所で勉強しましたから……。県（の出方）次第です。この遺跡はどうしても残さなければいけないと、はっきり言われればその用意はあります」

県知事も、平泉の「世界文化遺産」実現には推進役を買って出ており、大いに期待したいところである。なにせ、史都平泉と不可分の衣川遺跡群は、平泉文化のコアゾーンである中尊寺と、飛び地のコアである「長者ガ原廃寺跡」と、その二つのコアの間に位置するのだから、その全容を解明しないまま堤防の下に埋没させてしまって、これだけの遺跡に目を瞑《つぶ》って「世界遺産」登録もないだろう、とだれでも思う。そう考えるのが良識である。

衣川遺跡群の調査は、聞くところによると、当初の予定では平成十七年九月までということであった。多くの人が注視する中で、調査は次年度も継続になったと聞いて一安心した。が、どこまで腰を据《す》えてやれるか、どう遺跡を保存していくのか。

工事途中の堤防が遺跡発掘調査現場のすぐそこまで来ているという状況も、かつての柳之御所と同じである。

平成十七年の平泉は、大河ドラマ「義経」で明け、「義経」で暮れた。

だれかにまた、こう言わなれなければならないのだろうか。

「まだ、祭りのぞよめきがする。」

衣川の遺跡を「このままでよろしいのか」と。

平泉と西行

もう一つの都

まず、「奥州藤原三代」という名辞について触れておきたい。これは地方史のみならず歴史書一般、文学にも通用する、古くからの表現であり認識である。

「後三年合戦」がおわって、安倍氏の故地・奥六郡を伝領した清衡は江刺から平泉に入り館を構えた。つまり、衣川を南に越えて、地形の開けた平泉を本拠地としたわけである。そして中尊寺の寺塔を造営し、南は白河の関から北は津軽外ケ浜に至る道々（「奥大道」）一町ごとに笠塔婆を建てた。また、村々に仏堂を建て灯油田を寄せた（『吾妻鏡』）。

その意図は『中尊寺供養願文』に「界内《かいだい》の仏土《ぶつど》となさん」と述べている。だれでも救われる、そう実感できる、それが「界内の仏土」の意味である。こうした奥羽の地を仏国土になさんという信念は、清衡が「前九年・後三年」のなかに生を繋いでくることができた、まさに「数奇な前半生」の賜《たま》もの、といえよう。

二代基衡は毛越寺（金堂・円隆寺と号す）を造営した。そのために当時、平泉から京に上り下りする課駄は、東山道・東海道を引きも切らなかったという。基衡の妻は観自在王院（阿弥陀堂）を建立した。

三代秀衡は宇治の平等院を模して無量光院を建立し、鎮守府将軍さらに陸奥守に任ぜられて、『平治物語』には、平泉の御館秀衡を「ゆゆしき者」（大物）と書いている。

文字史料だけでない。平泉の遺跡群から発掘された白磁の量は、あたかも「地方の時代の幕開け」を示しているようであり、ついには京・鎌倉と、平泉は三極政治構図の歴史の舞台となった。

この奥州藤原三代の一〇〇年、一二世紀は「平泉の世紀」といわれる。

清衡は白河法皇の院政の世、基衡は鳥羽院が崩御した翌年に夭逝《ようせい》（突然死）しており、秀衡は後白河院の時代と、奥州の藤原三代は三上皇それぞれの治世に相当する。


さて、その平泉をさして訪ねてきた旅人がいた。当時「生来の歌人」といわれた西行である。西行が、平泉で詠んだ歌と詞書《ことばがき》とは、平泉の歴史の風景になっている。

西行の『山家集《さんか》』に、平泉の束稲山《たばしね》の桜を詠んだ一首がある。

西行「束稲山」歌碑

陸奥《みち》の国に平泉《ひらいずみ》に向ひて、たはしねと申す山の侍《はべる》に、異木《こと》は少き様《やう》に
桜の限《かぎり》見えて、花の咲きたりけるを見て詠める
き丶もせずたはしね山の桜花吉野の外にか丶るべしとは
（岩波日本古典文学大系『山家集』）

西行は奥州に二度来ている。この歌が初めての下向の折に詠んだものか、再度の下向の時の作か、諸氏の説わかれるところであるが、ようやく平泉に至った西行が北上川の対岸束稲山を望み、全山桜の景観を目にして「聞きもせず」、これまで聞いたこともなかったと驚き、桜といえば吉野であるが、「吉野の外にか丶るべしとは」と、そのままを詠んでいる。この詞書と歌を、そう素直に解釈して、西行が初度の陸奥下向の時のものであろうと推定した窪田章一郎の所見は、「蓋然《がいぜん》性に富む」ものとみなされている。

そしてこれは、平泉という地名が、確かな史料に見られる初見である。

そこで、初度の下向はいつか、ということになる。

異本『山家集』の中にある衣川の歌の詞書が手がかりになる。

奈良の僧徒科《とが》の事によりて数多みちのくに遣されたりしに、中尊と申す処にてまかり

逢ひて、都の物語すれば涙を流す。いと哀れなり。(略)
涙をば衣川にぞ流しけるふるきみやこを思ひいでつつ

(日本古典全書『西行法師家集』)

この詞書に見える「奈良の僧徒の科」とは、当時、奈良興福寺の衆徒らの抗争が絶えず、十五人の僧が捕らえられて奥州に流されたことが、左大臣藤原頼長の日記『台記』の康治元年(一一四二)八月の記述にあって、それをさすのであろう。この事件で流罪になった僧徒と、西行が中尊寺で出会って「都の物語」して涙を流した。そのように奈良僧徒流罪事件と西行の出会いを結びつけて、西行の奥州初度の下向は康治二年をあまり下らないころであろうと久保田淳が推定している。西行二六歳のころである。

西行の陸奥行は歌枕の旅といわれるが、ただ風景を見ていただけではない。そこで歌を詠んだ人の人生とか生き方というものを考えていて、単なる趣味人の風流ではない(馬場あき子「歌人のみちのく」)といわれる一方で、西行は都から隠れた役割を帯びていたのではないか。つまり、奈良の僧徒が流罪先の中尊寺でどうなっているか見てくる命も帯びていたのではないか(後藤利雄『みちのくの西行』)、といった推測もされている。

再度の奥州下向

西行が再び奥州に下向したのは、初度の下向から四〇年以上経った文治二年（一一八六）のことである。ただ、今度は歌枕の地を訪ねるといった数奇の旅ではなかった。平氏による南都焼き討ちで灰燼に帰した東大寺再建の大勧進・俊乗房重源《ちょうげん》の依頼をうけて、奥州の藤原秀衡に大仏鍍金《メッキ》の砂金貢進を約束してもらうためであった。諸書にはそのように説明されている。しかし、どうもこれだけでは、六九歳にもなる老身の西行が、この遥か遠国の陸奥まで再び下向してきた事情を十分語り尽くしているとはいえない。しかも、

十月十二日、平泉に罷《まかり》着きたりけるに、雪降り、嵐激しく、殊の外に荒れたりけり。いつしか衣河見まほしくて罷りむかひて見けり。河の岸に着きて、衣河の城しまはしたる事柄、様変りて物を見る心地しけり。汀《みぎは》凍りて取り分き冴えければ

取り分きて心も凍《し》みて冴えぞ渡る衣河見に来たる今日しも

（『山家集』）

と述べている。西行は目的地・平泉に着くと、折から吹雪の悪天候であったが、「いつしか」衣川が見たくて川岸に立った。この、「いつしか」は「いつのまにか」の意味ではない。「早速」「早くも」の願望をあらわす副詞である。衣川の館は整備され、昔とすっかり様変りして「物」

を見る心地がする。――それにしても、身も心も凍るようなこの寒さ、「衣河を見に来た今日なのに」と詠んだ。

なぜ、平泉に着くや、早々に、しかも雪降る中を押して、衣川を見まほしくなったのであろうか。第一、なぜ秀衡への勧進が西行なのか、西行でなければならなかったのか。これについては、「陸奥守秀衡入道は上人（西行）の一族なり」（『吾妻鏡』文治二年八月十六日条）とあることによって、大抵説明されるようだが、それだけであろうか。

西行の、よく知られた歌「年たけてまた越ゆべしと思ひきや」、老いてまた再び来るとは思わなかったと、陸奥下向の途中、小夜《さよ》の中山で詠んでいるが、伊勢を発ってまだ遠江である。陸奥の平泉は、老身の西行には遠かったに違いない。

目崎徳衛の『西行の思想史的研究』は、西行の再度陸奥行と対鎌倉折衝について、諸家の論に検討を加え史学者の視座から詳述し、次のように洞察している。

○　西行が重源のたっての依頼に重い腰を上げたと見るよりも、大役を買って出たものと考えられる。南都焼き討ちの罪業に無関心でいられなかったのであろう。東大寺再興の勧進も、かつての崇徳院の怨念を鎮めるために讃岐に赴いたのと同様、菩提心の発露として、自らの熾烈な道心に動かされたと解さなければ、陸奥への道は遠すぎる。

○　西行の使命は、秀衡への単純な砂金督促ではなく、それよりもまず、頼朝との間を調整することであったはず。鎌倉で、鶴岡八幡宮参詣の頼朝に供奉していた梶原景季《かげすえ》の目に留《と》まるよう、わざと「徘徊《はいかい》」していて頼朝に面談を求められる。西行には、秀衡との同族・旧知の間柄もさることながら、頼朝と直に折衝する器量が期待された。それは「弓馬の故実《こじつ》」兵法に通じていて、頼朝がそれに格別の関心があったということをあげて、つまり、問題の鍵はむしろ鎌倉にあったことを指摘している。

○　西行の再度の陸奥行が、きわめて険しい対立にあった鎌倉・平泉両政権を仲介して砂金貢進《こうしん》を実現する、高度に政治的な行動であった。

と、要約すると、右のような見解を述べている。

西行は、鎌倉では鳥居の辺りを徘徊していて頼朝の目にとまった。平泉ではまず衣川を見たいと雪の岸辺に佇《た》った。そこになにか意図があったのだろうか。今回の奥州下向が政治的行動であったにしても、遁世の西行であれば、余所の大寺に関わりは避けたのではないか。「寺院の周辺に立ちあらわれる」のが遁世者である。中尊寺には立ち寄らなかったかもしれない。
そして歌は、「動感するの折節、わづかに三十一字を作るばかりなり」（『吾妻鏡』同十五日条）と、頼朝の問いに答えた西行である。

では、西行は平泉に着いて、どこを訪ねたのか。

前に述べたとおり、昨年、衣川沿いの遺跡・伝「接待館」跡やその付近一帯の発掘調査が実施された。その結果、建物群と堀跡、池跡、大路と思しき二五～三〇メートル幅の遺構空白地、そして「接待館」「衣の関道」といった伝承から、あるいはこれが「衣河館」の跡か、それにつながる可能性もある。いずれ、かつての平泉の都市域が、衣川北岸にも広がるものと見なければならない。

衣河館は、『吾妻鏡』文治五年閏四月三十日の条、義経自害の記事に、

「義経は、民部少輔基成朝臣の衣河館に在り。泰衡、兵数百騎を従えてその所に馳せ至り合戦す。……」

とある。この基成とは、かつて陸奥守兼鎮守府将軍として赴任し、任期が終わってもそのまま留まった人物である。その娘が秀衡の妻＝泰衡の母で、基成は秀衡には舅《しゅうと》にあたる。

実は、それだけでなくて、基成は、義経の母常盤《ときわ》が清盛の後に再嫁した一条長成の姻戚、従兄弟《いとこ》の子になる。鞍馬を出た牛若（義経）が、見知らぬ平泉に来たり、秀衡がその身柄を引き受けたのには、そういう縁故事情があった。この関係に注目したのが角田文衛である。

そうなると、老躯の西行が遠路平泉に着くや早々に、しかも雪の降る中を「衣川見まほしく罷り向か」ったというのが、やはり気になるところである。単に、四〇年前の平泉を懐かしく思い耽《ふけ》っただけではなかろう。再度の下向を「不退転の道心による勧進行」（目崎）と捉えることに異論はないが、鎌倉で「高度に政治的な行動」をした西行でもある。眼前の「衣河の城（館）しまはしたる」様変りを詞書きにも記している。「しまはしたる」は「仕舞ふ＝立派になった」意味で、以前とはすっかり様変わりした衣河の館、そこに、秀衡の舅・基成が寄寓《きぐう》していることを西行が知らなかったであろうか、そんなことはあるまい。あるいは、西行は平泉に来て、先ず基成に会おうとしていたのでは、といえば想像が過ぎようか。

義経一行が「秀衡入道の権勢をたのみ、姿を山伏や児童に変えて伊勢・美濃から」再び奥州に向かったという報《しら》せが鎌倉に入ったのは、明けて文治三年二月十日のことであった。

芭蕉の平泉

『おくのほそ道』を読む

芭蕉が、江戸深川の庵を譲って、千住から「前途三千里のおもひ胸に」おくのほそ道の旅に出たのは、元禄二年（一六八九）三月二十七日（陽暦五月十六日）のことであった。

全行程六〇〇里という。単純に一里＝四キロで換算すると二四〇〇キロメートルになり、四国遍路の倍の距離である（実際に歩いた人の話は、後出「喫茶淡交」で触れよう）。

いずれ、岐阜の大垣に着いたのが九月五日（同十月十七日）。「行春や」の句にはじまり、「行秋ぞ」の結びの句まで、五カ月余りの長途《ちょうど》の旅であった。

芭蕉が四六歳、随行の曽良四一歳。

その紀行文『おくのほそ道』（素龍清書本）を読む。芭蕉は、白河の関を越え、須賀川で田植えの風流を詠み、藤原秀衡の家臣佐藤継信・忠信の故郷、飯塚（飯坂）に向かった。継信・忠信は、義経が兄頼朝の旗揚げを聞いて平泉から馳せ参じたとき、秀衡が付けてやった義経腹心の家来である。二人の身を案じ病の床に伏した老いた母を、兄弟の嫁が甲冑を身につけて勇姿を見せ慰めたという逸話が伝わっていた。

芭蕉は、その佐藤家の菩提寺・医王寺を訪ね、兄弟の二人の嫁の「しるし」に哀れを催し袂《たもと》をぬらした、ように書いている。ただし、医王寺に継信・忠信の嫁の墓標はない。その像があるのも斎川の甲冑堂であるが、伝承を容れた文学上の構成と解説されている。

　ここに義経の太刀・弁慶が笈をとどめて什物とす。

　　笈も太刀も五月《さつき》にかざれ紙幟《かみのぼり》

五月朔日《ついたち》のことなり。

これも、曽良の『随行日記』によれば、医王寺で実際に見たのは、義経の笈と弁慶が書写した経であったという。

それから、塩釜神社では社前の宝灯の扉の「寄進《（す）》　文治三年　和泉三郎忠衡敬白《けいびゃく》」の銘を読んで、義経に最後まで忠節を尽くして義を守った忠衡の佳《か》名をたたえている。

これらの記述は平泉への伏線であった。

十日、いよいよ「平和泉《ひらいずみ》と心ざし」て松島を発った。石巻を回り北上川に沿って登米《といま》を経て、十二日の黄昏にようやく一関に着いた。途中、合羽《かっぱ》もとおす雨に濡れた。

＊

平泉

三代の栄耀《えいよう》一睡の中《うち》にして、大門の跡は一里こなたにあり。秀衡が跡は田野《でんや》になりて金鶏山《きんけいざん》のみ形を残す。まづ高館《たかだち》にのぼれば、北上川、南部より流る丶大河なり。衣川は和泉《いづみ》が城をめぐりて、高館の下にて大河に落ち入る。泰衡等《ら》が旧跡は、衣が関を隔て南部口をさし固め、夷《えぞ》を防ぐとみえたり。さても、義臣すぐつてこの城にこもり、功名一時の叢《くさむら》となる。「国破れて山河あり、城春にして草青みたり」と、笠打ち敷きて時のうつるまで泪《なみだ》を落し侍《はべ》りぬ。

夏草や兵《つわもの》どもが夢の跡

義経最期の地・高館にのぼって、北上川と対岸に東稲山を望む。この眺めこそが、訪れた人にとって平泉の原風景であった。

ここが、「心ざし」た旅の目的地であり、『おくのほそ道』の頂点である。それだからこそ、近代の文人墨客また多く平泉を訪れ、この高館に佇ったわけである。

「静かな大きな見晴らしが、芭蕉が、義経が、（芭蕉の中の）杜甫《とほ》が重なり合って私を呼ぶ」ように思える所であった（竹西寛子「夢の跡」『白い国の詩』）。

その原風景も、近年、だいぶ変貌した。平泉から隣市一関地方は、度々水害に見舞われてきた。川幅が極端に狭くなっているところが下流にあるためで、いわば洪水の常襲地帯でもあった。それで、眼下に長大な堤防が造成された。工事途中で柳之御所遺跡の保存運動があって、国は当初の設計を変更した。北上川の流路を、ほぼこれまでの川幅だけ東に移した。それで遺跡は残ったが景観はすっかり整備されて、昭和のあの茫《ぼう》々とした風景は、今はない。その意味では、「変わらざるもの」の川の流れが変わった、その姿を変えたことになる。以前の眺めを記憶している人は、ここに佇って、兵どもの夢の跡と、自分に芭蕉を重ねた眺めと、二重の喪失感を味わうかもしれない。

*

かねて耳驚したる二堂開帳す。経〔蔵〕堂は三将の像を残し、光堂は三代の棺《ひつぎ》を納め、三尊の仏を安置す。七宝《しっぽう》散り失せて、珠《たま》の扉《とぼそ》風に破れ、金《こがね》の柱霜雪に朽ちて、すでに頽廃《たいはい》空虚の叢《くさむら》となるべきを、四面新たに囲みて、甍《いらか》を覆ひて風雨を凌《しの》ぎ、しばらく千歳《せんざい》の記念《かたみ》とはなれり。

五月雨《さみだれ》の降のこしてや光堂

年々降る雨に物みな朽ちはててしまうが、この光堂だけは残って在る。

前の夏草の句は、目の前に茫々たる草むらだけが見えて、往時の都ぶりは夢の跡、「無」である。それと対比して、光堂だ

芭蕉「五月雨」句碑

けは残った、「有」である。また、金鶏山は形を残し、北上川の流れは変わらないもの、秀衡が跡は田野になってと、対比させているわけである。

『おくのほそ道』（素龍本）が清書されたのは、旅を終えてから三年後の、芭蕉が亡くなる年の夏である。それまで、推敲に推敲を重ねて成った。それだけでなくて、芭蕉は旅に「変わりゆくものと、変わらないもの」を対置させて捉え直してみる、そういうテーマによって構成され、虚構も加わった、ということを知っていて読む必要があろう。

曽良の『随行日記』を見ると、「経堂は別当留主（守）にて開かず」とあって、実際は中を見ていなかったわけだ。しかし、旅の目的地、紀行文の頂点で、二堂のうち一方は別当が留守で開けてもらえなかったでは作品にならない。経蔵の中には、清衡・基衡・秀衡三代の位牌はあるが三将の像などない。事実ではないが、ここは（藤原）三代・（弥陀）三尊に対して三将と書いて文を成している。

芭蕉は、『おくのほそ道』の旅で、先に佐藤継信・忠信の「二人の嫁が」甲冑《かっちゅう》を着けて老いた親を慰めた話に哀れを催した。そして、平泉に至り義経最期の地高館で、時のうつるまで涙を流した。このあと、（七月二十六日・石川県）小松の多太神社では、討ち死にした老武者《おいむしゃ》・

斎藤別当実盛の甲《かぶと》に故事を引いて「むざんやな甲の下のきりぎりす」と詠んでいる。実盛は、はじめ源義朝の軍に属し、のちに平宗盛に従い、老体ながら白髪を黒く染めて出陣し、木曽義仲の兵に討たれた。義仲は幼いころその実盛に救助されたことがあったという。『平家物語』に「あなむざんや、斎藤別当で候けり」と述べ、髪を洗わせてみれば「白髪にこそなりにけり」とある。

芭蕉は、その義仲の眠る近江義仲寺《ぎちゅうじ》に、敗死した将の墓の傍らに自らの遺骸を葬るように遺言している。そういうところから、『おくのほそ道』の芭蕉に見られるのは、敗者への共感である、といわれる。

それは一体、どこからきているものなのか——。

「芭蕉の、敗者の歴史によせる共感や涙は、単なる判官贔屓《ほうがんびいき》というだけでなく、あるいは彼の身内にひそむ、時の敗者の子孫としての自覚が呼びさましたものであったかも知れません。」

（尾形仂《つとむ》『おくのほそ道を語る』）

芭蕉の曽祖父は、信長の侵攻で土地を追われている。敗者の血が、芭蕉にも流れていた、と見ているのである。

ただ、芭蕉の敗者への共感も、平泉で漏れたところがあったようだ。

芭蕉が行かなかった達谷窟

江戸時代、寛文五年（一六六五）に伊達領内の天台宗寺院として平泉の古刹三カ寺が江戸上野の東叡山《とうえいざん》の直《じき》末寺として公認された。芭蕉が訪れる二四年前のことである。その三カ寺とは、中尊寺と毛越寺、もう一カ寺は達谷窟《たっこくいわや》西光寺である。この達谷の西光寺は、延暦の昔（八世紀）征夷《せいい》大将軍坂上田村麻呂に討たれた夷酋悪路王《あくろおう》がこもったと伝えられる窟で、悪路王は「阿弖《アテ》流為《ルイ》」（『続日本紀』延暦八年の条）のことと云われる。岩面の大仏は、北限の磨崖仏《まがいぶつ》として知られ、今も頭部をわずかにとどめている。

寺の開基は田村麻呂とされ、京の鞍馬寺の毘沙門天を勧請《かんじょう》して本尊とした。だが、征夷の名のもとに押しやられていった人々の砦であった、というわけである。

達谷窟（北限の磨崖仏）

人間探求派の俳人・加藤楸邨は、そこにこだわっていた。かつて、私が一度だけお宅を訪ねたときに、こう話された。

曽良の『随行日記』には、「タツコクガ岩ヤヘ不行」とあって、芭蕉は達谷窟には行かなかった。達谷窟まで「三十町ある由」と記しているが、この後、芭蕉は山刀伐《なたぎり》峠を越えて出羽に入り、五月二十七日には立石寺を「一見すべきよし、人々のすすむるに依て、尾花沢よりとつて返し」ている。立石寺まで「その間七里」余りを引き返した芭蕉からみたら、三十町など何でもない距離である。平泉ではすすめる人がいなかったからなのか、押しやられていった「みちのくびと」が蝦夷だったからではなかったのか——。

楸邨は、若いころから自分の書屋を「達谷山房」と称していた。勝てば正義、不運にして敗れ去ったものは無道の者とされる歴史の酷薄《こくはく》をにくんでいたからであったろう、と振り返って語った。酷薄とはむごさ、血をもって相争った歴史の生々しい一面であり、そのかすかな跡を辿る「もうひとつのみちのく」を達谷窟にみていた（『達谷往来』）。

そこから言えば、『おくのほそ道』の平泉までは、「敗者への共感」と漠然というよりも、実際には悲運の武将義経を悼《いた》み、源氏への思いをたどって句を詠む「手向《たむ》け」であったといえよう。平泉から折り返して後、山刀伐《なたぎり》峠を越すと、もうまったく別な旅の趣になる。

平泉の四季

束稲の紫峰 〔夏〕

中尊寺から鐘《かね》ガ岳をまわって毛越寺に出る道筋に、近年、敷設された遊歩道がある。朝夕そこを歩いている人をよく見かける。鐘ガ岳を越えて道が下りになると、正面に束稲山、北上川を挟んで手前に高館、金鶏山《きんけいさん》と、古都平泉の風景を俯瞰《ふかん》することができる。

ことに初夏、早朝。束稲山の背後から日が射すまでの刻《とき》の移ろいがいい。

低く、ゆっくりと靄《もや》が流れ、山の輪郭が墨絵のように薄く紫を帯びてくる。稜線がひときわ明るくなると、山の裾の方が、逆にいったんまた暗くなって、それから徐々に色彩が生じて、川面の光と相まって清澄な一景をつくる。

「山紫水明《さんしすいめい》」とは、頼山陽が京都鴨川に臨む草堂から対岸の東山を眺めて称した名辞であるが、この瞬間、北上川の向こうに眺望される束稲の容姿は、まさに山紫水明である。

冬の晴れた日、その束稲の前峰、駒ガ嶺に「白い大文字」が見える。

中尊寺経（紺紙金銀字経）の中の「大」の字をとって、その字形をそのまま写したもので、第三画が長く延びて字の姿に雅趣がある。

紫峰束稲山

朝の束稲山・北上川

夏の夜には送り火の火影となり、冬には雪の文字となる。
「わたしらの、まァ、とっておきの平泉ス」。この町の人が、少しばかり誇らしげにしているのが見えるときである。

高館の残照

文治五年八月二十二日、頼朝が平泉の地に入った日の『吾妻鏡』の叙述を読んでみる。

甚《はなは》だしく雨降る。申《さる》の刻(午後四時)、泰衡が平泉の館に着御《ちゃくご》す。主はすでに逐電《ちくでん》し家はまた烟《けぶり》と化《か》す。数町の縁辺、寂寞《せきばく》として人なし。

累積《るいせき》の郭内《かくない》、滅びて地あるのみ。ただ、颯々《さつさつ》たる秋風、幕に入るの響きを送るといえども、
蕭々《しょうしょう》たる夜雨、窓を打つの声を聞かず。

『吾妻鏡』の中で最も詩的で、印象に残る一節である。

終戦後まだ間もないころ、発掘調査で平泉に滞在していた斎藤忠は、よくこの辞句を口ずさんだという。そして「その頃の世情とてらしあわせながら、一入《ひとしお》の感慨をいだいたこともあった」と、思い出を綴っている（「平泉の土地」）。

ところで、この「蕭々たる夜雨、窓を打つの声を聞かず」は、唐代の『新楽府《がふ》』（新体詩）の中にある「蕭々タル夜雨、窓ヲ打ツノ時、狛《はく》々タル残灯……」の詩文を下敷きにしたものと解され、あるいは「寂寞として……郭内」の表現も、『古楽府』（漢代の古詩）に「寂寥《せきりょう》タリ東郭ノ外」とあるのに倣《なら》ったものか、と思われる。

これは、単なる模倣とか引用というのでなく、このように漢や唐の詩を引き古語に聞くのが博識であり興趣とされたわけである。

ところで、中尊寺の山号「関山《かんざん》」はどうであろう。一般には、衣の関跡の山であるという意味、と説明されてきた。しかし、それだけなのだろうか。

『古楽府』に「関山　月と共に悠々たり」とある。関山といい月見坂といい、無関係であったろうか。

そして「高館」は、多くの辞書には、「平泉義経最期の居館、衣川館の異称。幸若舞・古浄瑠璃の曲の一」などとあるけれども、どうして高館と称したのかは記していないようである。

「高館に燈を張り　酒復清く　夜鐘　残月　雁帰るの声するも……」(劉長卿)と、送別の宴席の詩が『唐詩選』にある。これが、義経最期の地・平泉の「高館」に投影していると、考えるのはどうだろうか。

義経最後の地・高館

伽羅之御所跡――「伽羅《きやら》」とはなにか

ＪＲ平泉駅前から、鄙《ひな》な通りを北に少し行って踏み切りを渡ると、右手の方が「加羅楽《からく》」という字《あざ》名になる。そこを、もう少し行くと字「柳之御所」になり、左手の方には無量光院跡が見えてくる。まさに、史都平泉ならではの名残の跡である。

たびたび引く、『吾妻鏡』の平泉「文治の注文」には、

金色堂の正面の方角にあたる地に、無量光院の北に並べて宿館を構えた〔これを平泉館と号す〕。その、無量光院の東門の方に当たる一郭は、秀衡が常に居られた所である。〔これを加羅御所と号した〕

と記されている。この伽羅の御所、「伽羅」「加羅」とは、どういう意味なのであろう。

江戸時代に、平泉を踏査して遺跡や伝承を記録した相原友直の著『平泉雑記』がある。それには「伽羅御所」について、つぎのようにいくつかの解釈を紹介している。

・香木の加羅樹を、建物の一部、たとえば床の間などの用材とした建築であったか。

日本では、沈香の上品を「加羅」といった。

・「伽羅」（カラ）は、梵語で「黒」と訳されるから、黒沈香のことであったかも。
あるいは「黒」い漆塗りの館であったかもしれない。
・伽羅とは、中華に限らずに外国を言う呼称だから、異国風の建物の意味かもしれない。
このように解釈も、様々である。

この他にも、「加羅」は釈迦の迦、「迦羅」であり、出家を意味する。とすれば、御館秀衡法師が常に住まわれる邸の称としては、実にふさわしいようにも思われるわけである。


ところが、一〇年ほど前、香道に造詣の深い方から手紙をいただいて、こんな質問をうけたことがある。

まず、伽羅の原木は、とても建材に向かないこと。中国で伽羅が認識されたのは、早くても一二世紀の後半であると思われること。そして、日本で「伽羅」が最上質の香木をいうようになるのは、はるかに時代が下がるのではないか。秀衡の時代に、そんな舶来品が手に入ったろうか――と。

先方は返事を待っているというから、こんなふうに応えた。

秀衡の当時、平泉には舶来品が沢山入ってきていた。南宋・福建省窯の白磁水注も町内の遺跡から出土していること。平泉が滅亡した際に、残った一棟の倉に「沈香・紫檀などの唐木の入った厨子が数脚あった」と。また、象牙の笛や水牛の角、金製の鶴や銀製の猫、なども――。たしかに、伽羅の原木が建材に向かないだろうと、私も思うが、たとえば館の床の間を伽羅木で飾ったとか、そういうことも考えられる。御教示、多謝。

私は、京の宮廷サロンの文化の基層にあるもの、唐の文物が尊ばれた時代だから詩文なども

ながめて、こんな見方をしている。

唐の白居易の詩文集『白氏文集《はくしもんじゅう》』に、香炉峰《こうほうろう》（中国江西省・廬山）の北に造営した堂をこう詠んでいる。

五架三間の新草堂　石階《せきかい》　桂柱《けいちゅう》　竹檣《しょう》を編《あ》む……　（檣は垣根のこと）

これをほとんどそのまま下敷きにした表現が『源氏物語』須磨巻にある。

いはん方なく唐めきたり。所のさま……竹編める垣しわたして、石の階、松の柱……と。ここに書かれている「唐めきたる」を、見過ごしてしまわずに考えてみたい。

平泉で基衡の時代になるが、後白河法皇の近臣に藤原通憲がいた。「諸道に達した才人」といわれた人で、出家して法名を「信西《しんぜい》」と号した。平治の乱で殺害され、首を都大路を渡して

獄門にかけられた、あの、信西である。彼が、その香炉峰の北にある遺愛寺《いあい》のことによく通じていた、という話も知られている。この通憲（信西）の子の僧澄憲《ちょうけん》は、後に「四海の大唱導」と称された「能説名才」の僧である。ついには、比叡山を下りて巷間に信の道を拓いたのであるが、その澄憲がまだ比叡山に在って無名だったころ、すでにその才能を聞き知って、遠く、みちのく平泉の「秀衡の母」が、独自に「如意輪講式《こうしき》」の作成を彼に依頼しているのである。「如意輪講式」とは、如意輪観音の功徳を鑽仰《さんごう》し、その詞章を聴いて信を深くしていく法会《ほうえ》である。宮中で、また仏都平泉でも催行されたのである。

そうしたことがわかってくると、平泉の遺跡・景観を考えるときに、日本文化の基層にある経典や漢詩集『白氏文集』などを視野に入れて解することは、決して唐突でないことが理解されよう。「唐めきたる、石の階、松の柱」の居館が平泉に作られても不思議ではなかった。

海の道から平泉に入ってきたのは、ただ白磁の水注だけではなかったのである。仏教というものが、経典（教理）だけでなく、美術も趣味も、経済も情報も諸々あわせ含んだ文化の体系としての仏教であった、ということである。

むろん、京《みやこ》びとの趣味も、山（比叡山）の情報も、平泉に入っていた。

柳の御所遺跡が、保存か埋没かの岐路に立って注目されていた平成三年、そのすぐ近くの「伽羅御所跡」地のある農家の宅地で、発掘された井戸跡から研ぎ出し蒔絵《まきえ》の鏡箱に納められた「山水飛雁」の（四羽の雁・流水・岩の文様が裏面に施された）和鏡が出土した。

付近の農家は、秀衡が常の住まいとした伽羅の御所の遺跡の上に暮らしているのである。

四神相応の地 ―― 『作庭記』

「文化的景観」ということがよくいわれる。平泉の場合、その鍵となるフレーズは天治三年（大治元年・一一二六）の『中尊寺供養願文』のなかに述べられている、

「龍《りょう》・虎《こ》宜《よろ》しきに協《かな》い、これ四神具足の地」である。

それからおよそ一〇〇年後の、元仁《げんにん》元年（一二二四）の「円隆寺梵鐘銘写」にも、

「白虎西に走る　青龍東に翔《かけ》り　玄武列を遍《あまね》く　朱雀沖に方《あた》る」

つまり、中尊寺も毛越寺も、ということは平泉は四神相応の地ということである。

「四神」は、古代中国における、東西南北のそれぞれの方位を守護し天の運行を順調に保つ神の思想で、奈良県明日香村のキトラ古墳（七～八世紀）の壁画でよく知られている。

今これを、平泉の中心部に位置する金鶏山、あるいは白山社跡（国道4号線沿い）に立って、南に向いて地形を想定すれば、

「左・青龍は東の川に流れる」は、むろん北上川である。
「右・白虎は西の大道にあり」は毛越から達谷窟に向かう街道。
「前・朱雀は南の沢地にあり」は、祇園から佐野原の方になる。
「後・玄武は北の山岳にあり」は関山の丘陵と、こういうことになるだろう。

そして、それぞれ方位に相当する樹木、「樹相」というのがあって、平安時代後期に著された『作庭記』には、こう書かれている。

一、樹のこと、
人の居所の四方に木を植えて、四神具足の地となすべきこと。
・経に云う。家より東に流水あるを青龍とす。もし、その流水なければ柳九本をうゑて青龍の代りとす。
・西に大道あるを白虎とす。もしその大道なければ、楸《ひさぎ》七本をうゑて白虎の代りとす。

・南（前）に池あるを朱雀とす。もし、その池なければ桂九本をうゑて朱雀の代りとす。
・北（後）にをか（丘陵）あるを玄武とす。もし、その岳なければ、檜三本をうえて玄武の代りとす。かくのごとくして四神相応の地となして……。

毛越寺の大泉ガ池と遣り水の苑池は、まさにこの『作庭記』の世界である。しかもその庭園は周囲の山水、自然を取り入れているのであるから、平泉の景観全体について四神相応であることを見なければならない。

東方の北上川畔には「柳」。西方の毛越から達谷の方角には「楸」（キササゲ）、南の方は桂、北の丘陵は桧ということになる。

そう思って、平泉の地形を俯瞰して見ているとあれこれ思い当たる。

京都は、南が桂川で、北は、桧でなく北山杉になる。平泉では関山がそれにあたる。

毛越寺大泉ガ池（橋脚）

ここで一つ問題になるのが「檜」である。これについては、毛越寺や観自在王院跡などの史跡の苑池復元整備にたずさわった森蘊《おさむ》が、著書『作庭記の世界』（ＮＨＫブックス）のなかで、あれこれ試行錯誤した経緯を述べている。

『作庭記』は、平安時代後期の造園秘伝書で、平等院を建立した藤原頼通の子の橘俊綱が主な部分を著し、後に部分的に手が加わっている、と森氏は述べている。そして、

・『作庭記』の複製本をよく見ると、活字本の「桧」としている字は、木扁《へん》に旁《つくり》が「念」であると指摘する人があった。『群書類従』も木扁に念と書いている。

・中国で最も古い『康熙《こうき》字典』には「桧」の字は無くて、木扁に念の字は棗《なつめ》のことらしいが、梅や棗は家屋の南面に植えて観賞するもので、「北に檜」と矛盾する。

・『作庭記』では、「檜皮《ひわだ》」「檜山杣人《そまびと》」と、建築用材のように扱っている。

・ところが、檜は中国にはない。従って、檜の文字が使用されるはずがない。

・日本の諸橋『大漢和辞典』などでもはっきりしない。そこで、似たような字を探してみたら、「楡《にれ》」という字の形状が、よく似ている。中国の『地理心書』に「屋後に楡を植えると百鬼を避ける」とあり都合がよい。専門書によると、本州中部以西に分布するのは「朗楡《ろうゆ》」（アキニレ）である。葉は冬まで残る。文字の形状も、旁の下方は心と見えず、

「楡」と読むことができれば、と採用した。

ということであるらしい。

しかし、どうであろう。私は、むろん植物のことには全くの素人で知識もないが、森の推論には、即、頷けないところがあるように思う。

・まず、木扁に念の旁、複写図版で見て、この字体を「楡」と読むのは無理ではないか。

・「檜」という字は『康熙《こうき》字典』には見えない、「檜というものは中国にない」といわれるが、「淇水《きすい》は悠悠と流れ　檜《かい》の揖《しふ》に松の舟　駕して……」（『詩経』）

「團團《だんだん》（丸い）山上の檜　歳歳に閲る楡柳」（宋、蘇軾《そしょく》「峴《けん》山」）

などの用例もある。ただ、それが日本の桧に相当する樹木ではなかった、ということだろう。

そして、檜と楡が別のものであることははっきりしている。

・「楡」についても、これも、「山に樞《すう》有り、湿《さわ》に楡《ゆ》有り」（『詩経』）などと見える。

山の枢《とげにれ》と対称される沢の楡（ハルニレ）である。『作庭記』のなかで桧皮とあるが、楡の樹皮は不規則な裂け目があって、どんなものであろう。

『漢語大詞典』（上海辞書出版社）に、「檜」の枝葉図版が載っていた。それを見ると「茎は直立し、幼樹の葉は針を象《かたど》る」とあるとおりで、アスナロ（青森ヒバ）に似ているが、無論、アスナロは日本特産種とされているからここではとりあげない。イブキ（ビャクシン・柏槙）のようにも見える。いずれ、『作庭記』に活字で「檜」とあるのは「楡」だと、そう結論してしまうのは、甚だ疑問である。

蓮台野の木漏れ日〔秋〕

金色堂から経蔵をまわって西に登る古道がある。少し行って、左側の土手を登った所に秀衡の時代、仁安四年（嘉応元年・一一六九）の、わが国在銘最古の五輪の塔（重文）がある。

道は、その先、釈尊院の門前を過ぎると、まもなく切通《きりとお》しがあって、そこから下り坂になる。今では、普段踏み入る人もないが、その先の戸河内《へかない》村に至る歴《れき》とした公道であった。寛永十八年（一六四一）の「中尊寺一山朱引絵図」に、その辺りは「連《れ》んだい野」の書き込みがあり、元禄年間の「旧跡書き出」や、安永四年（一七七五）の『関山風土記』に「蓮台野」と書き伝えている。間もなく、斜面は緩《ゆる》やかになり平坦な広がりを示す。

明治期に刊行された『平泉志』に収める絵図には、金色堂からここに至る道を「烏兎坂《うと》」と記示されている。烏兎とは日と月のこと、転じて歳月を意味する。非日常的ななにかを暗示しているようにも思われる。

この烏兎坂を地なりに下って行くと、円いマウンド状の石積み遺構が数十カ所に認められる。里俗には、一本松の辺りの馬の墓などと語られてきたが、そうではあるまい。

「蓮台野」といえば、京都市の北区船岡山西の麓、墓所として知られるところの名である。平安時代の葬送の例は、鳥辺野《とりべの》（東山区清水寺から西大谷に至る辺り）か、紫野（北区の大徳寺付近）と相場がきまっていた。船岡山は、その紫野に近接している。『今昔物語集』に「仁和寺ノ東ニ香隆寺ト云フ寺有リ」と見えるが、この香隆寺とは蓮台寺のことである。伽藍は応仁の乱で焼亡したが、それでこの付近を蓮台野といった。船岡山の西で、仁和寺との間の旧松原村の辺りらしい（『山城名勝志』）。

たとえば、寛徳二年（一〇四五）に後朱雀天皇崩御《ほうぎょ》して香隆寺の西北の野で火葬、とある（『百練抄』・『栄華物語』）。治暦四年（一〇六八）に後冷泉天皇を船岡の西北の野に葬送したとあるのも（『本朝世紀』）、永万元年（一一六五）に二条天皇が火葬に付されたのも、その蓮台野であった。貴紳《きしん》多く、野辺の送りをされたところである。程遠くない大北山の中腹には、いま蓮華谷火葬場がある。

長野の善光寺に行くと、本堂の裏手、墓所の後方、大峰山には古五輪塔群や古墳がある。宗教学の視点からは、それは死者の棲処《すみか》として絶対的な聖なる空間であり、門前の駒返橋《こまがえし》以南は俗空間で、そこから本堂裏までは聖と俗の儀礼空間と理解されて、これに山中他界観と、極楽という二元論的な他界観が習合し、善光寺を極楽の入り口、ないし境域という信念体系が形成されたという。

大阪の四天王寺は、その西門が極楽の東門と信じられてきた（『拾遺往生伝』）。はたして、関山の西麓「蓮台野」を葬送の野辺、死者の棲処とみるか、金色堂のまさに西方にあたる極楽への門とみるか。それはとりもなおさず、金色堂を、仏厳浄土を具現した阿弥陀堂とみるか、葬堂として捉えるかという議論にかかわってくる。

極楽浄土とは何か。

「今は阿弥陀仏を心にかけ奉りて、とく(疾)死にて極楽に参らむことをのみ思ひ侍《はべ》りて」という（『成尋《じょうじん》母集』）極楽は、死後の来世を指す。また、「精魂は皆他方の界に去り、朽骨はなお此土の塵となる。鐘声の地を動かす毎に、冤霊をして浄刹に導かしめん」と、清衡が『願文』に敬白しているのは、生死を超えた他方世界としての浄刹、極楽浄土であろう。

清衡は奥六郡を管領《かんれい》するにあたり、最初に中尊寺を創建し、「まず、白河関より外ガ浜に至る二十余カ日の行程に、一町毎に笠卒塔婆を立て、その面に金色の阿弥陀像を図絵」し、「陸奥・出羽一万余の村毎に伽藍を建て、灯明料田」を寄進した（『吾妻鏡』）。

この〈みちの奥〉を、白河関より、遠く津軽の外ガ浜に至る、一筋の道が通っていた。道は、「奥の大道」と呼称されていたようで、それと見なされる遺構が郡山市や仙台市の遺跡調査で出ている。路幅はせいぜい四メートル程度であったようである。が、東海道といい東山道というのに、あえて奥の大道と呼称したのはどういう意味があったのだろうか。広大な陸奥国を南北に貫通する幹道だから、であろうか。

浄土教では、極楽に往く道を白道（二河白道《にがびゃくどう》）という。むろん本意は、信を得て浄土に往生する喩《たと》えであるが、路々一町ごとに笠卒塔婆が立てられ、金色の阿弥陀仏が図絵されていた「奥の大道」も、白道とみることもできよう。

それはまた、現当二世（現在のこの世と、当来世＝まさに来るべき世）にわたる、娑婆即寂光の道である。

「三帰依文」に「まさに願わくは衆生と共に、大道を体解《げ》して無上意を発さん」と誓う。また、大慈悲心はこれ仏心なりともいう。大道とは「仏の道」なのである。

奥の大道から、金色堂へ向かう古道跡（路幅二メートル弱）が、近年、部分的に発掘されて見えてきている。

その先の、関山の西麓「蓮台野」は、夕日の木漏れる寂光の叢林《そうりん》である。

「仕来り」の世界〔冬〕

毎年十一月二十四日、この日、中尊寺一山の僧衆は全員本堂に出仕し、天台会《てんだいえ》を厳修《ごんしゅう》する。中国の陳《ちん》・隋代（六世紀）に、中国仏教を総合して教えと実践修行（止観）を体系づけた天台大師（智顗《ちぎ》）の忌日《きじつ》法要で、大師の徳を讃《たた》えた「御影供《みえく》」を修するのである。天台宗では、この天台大師を「高祖」と仰ぎ、比叡山に日本天台を開かれた伝教大師最澄を「宗祖」とする。そして、法灯を東国に布《ひろ》めた慈覚大師円仁を、山形の山寺（立石寺）と同様に、中尊寺・毛越寺も「開山」と伝える。

六月四日は伝教会、一月十四日は慈覚会と、それぞれ大師を讃え仰ぐ法要を修するが、中尊寺一山では、とりわけてこの天台会に特別な意味合いが付加されているようであり、一年の法式《ほっしき》（宗教行事）の節目の日とされている。

たとえば、得度《とくど》して僧籍に入っても、天台会に出仕してはじめて一山の雛僧《すうそう》として仲間入りが認められる。それから二十一カ年の間は「結衆《けっしゅう》」といわれて、修養階梯《かいてい》の身として扱われる。天台会の支度には、色紙を切って桜・椿・ツツジの花を作り枝につけたり、五色の垂《しで》とか、供物《くもつ》や荘厳《しょうごん》（飾り花）の伝承がある。そうした用意を通して一山同心の思いを自覚し、一人前の僧に仕立てられていく。それが江戸時代から受け継がれてきた一山の子弟養育の規式《きしき》であり、仕来りになっている。

面白いのは、天台会の日、道場に入る直前、一山の僧衆が法衣《ほうえ》・袴《はかま》・帽子・五条袈裟と、衣躰《えたい》をすっかり整えてから、貫首・一老・二老・三老……と最下座まで列座したまま、串に刺して配られた「おでん」を食べる。それが古例、仕来りとされてきた。むろん、おでんの種《たね》も味付けも、精進である。その串がまた大きい。

こうした仕来りが墨守《ぼくしゅ》されてきた理由《わけ》を、だれもあらためて訊《き》いたりしない。「なぜ」「何のために」、その問いにどれほどの意味があるのか、と言って片づけてしまおうとすればそれもできるが、ただ、このおでんの串にはっきりした意図が汲みとれる。

僧侶の集団（僧伽《サンガ》）では、参集した僧銘々に竹などで作った「籌《ちゅう》」といわれる数取り棒を配り、それを集めて人数を確認する例がある。たとえば、「布薩《ふさつ》」（斎戒《さいかい》）という法会は、一定地域の僧団が一堂に会して審問自省するのであるが、後には在家信者が集まって八斎戒を守り、説法を聞いて僧を供養する法会になった。その次第に、籌を洗浄する浄籌《じょうちゅう》、その竹棒を配る行籌、それを集計する収籌・算籌がある。中尊寺の天台会では、竹棒を配り人数を確認する「籌」の役を、おでんの串が果たしているのである。

中尊寺でなぜ、そうまでして「天台会」に出仕の人数を確認する必要があったか。実は、中世以来、山内には天台僧と真言僧とが混在していた。文明三年（一四七一）の「天台大師講出仕人数請《うけ》状」なども残っているが、法会に出仕することを承諾した僧と、その印の付いていない僧名とがある。

江戸時代、寛文五年（一六六五）に中尊寺は東叡山の直末寺になり、伊達藩の奥筋の名刹、天台宗の寺院として公認されたが、当時なお院主以下、一山十七坊のうち八坊は真言の法を継ぎ、天台・真言「他宗相交わり」法儀にも問題をはらんでいたし、幕藩体制のもとで天台・真言二宗の支配をめぐってしばらく争論が続いた。そうした歴史的背景の上に今日の「仕来り」とか「古例」といわれるものを見ると、「天台会」出仕がいわば踏み絵になっていたこと、おでんの大きい串が数確認の「籌」であったことがわかってくる。

＊

歳の暮れもおし詰まった二十八日、寺では、正月御供え用の餅つきである。が、なにせ丈六仏が三体、千手観音・大日如来・文殊菩薩、開山堂・本堂、赤堂稲荷、そして金色堂から経蔵、その他井戸や神棚と、供える所が多いから、重ね餅も大・中・小で相当な数になる。それを臼でつく。

寺に出入りの大工職人や裏方、門前会の若社長も朝から杵《きね》を振り上げてつく。とはいえ、五十代後半になると、体がもたないから、もっぱら相取《あいど》りにまわる。

たまたまこの日に、中尊寺を参拝して、本坊の庭で餅つきを見た人は幸いである。昔ながらの餅つき風景を写真に撮れるだけでなく、まさに搗《つ》きたての臼の餅を、相取りが指で千切って、集まった客人の口にそのまま入れてやる。大人も子供も、台湾の人もハワイから来た観光客も、みな歓声をあげて、いい出会い、いい思い出を喜びながら帰っていく。相取りをした板金職人の太く厚い指が、いつか真っ白な餅肌になっている。それも、毎年のことである。

元旦、新年の護摩祈祷から、中尊寺の修正会は八日までつづくが、六日目、金色堂での修正祈祷の会座《えざ》が加わったのは、四〇年ほど前のことである。

金色堂には藤原氏四代の御遺体が納められている。いわば葬堂でもある。新年の息災・増益を祈念する修正会は現世利益の祈祷であり、五大尊の御軸を掲げてその加護を願うのであるから、以前は、修正会の期間は金色堂に立ち入るのも忌避《きひ》されてきた。仏事（供養）と祈祷は明らかに別な宗教行為である。

ところが、昭和三十六年に金色堂の牛玉《ごおう》木版が見つかった。昔、刷った牛玉版が在るということは、それで牛玉宝印の札を作り加持祈祷したということである。つまり、金色堂が祈祷を修する場でもあった、そのように認識されていた時代が、昔あったわけである。

前にも述べたように、一山が天台・真言「相交わり」、まだ天台一宗に法式が統一されていなかったころの事情を斟酌《しんしゃく》すると、真言宗の教えの核にあるのが即身成仏《そくしんじょうぶつ》であり、この身このまま成仏できると説かれるのであるから、金色堂内の御遺体

中尊寺修正会

を即身成仏とみることができる。そういう解釈に立てば、忌避するどころか、修正会祈祷したことも頷ける。

そうなると、延宝四年（一六七六）に「関山法度《はっと》」が制定されたこと、特にその第三条とのかかわりが注意されてくる。それには、

講演・神事は山王・白山の神前で相勤むべし。祈祷は経蔵、仏事は光堂で執行すべきこと

とある。祈祷は経蔵で、光堂では仏事を修することと規制している。法度を制定して祈祷と仏事の場を分けて規制したということは、それまではそうでなかったということである。

そして、この四年後には、山内の真言僧はみな追放処分され、宗門統制は徹底された。

金色堂で修正祈祷が修されていた物証になる牛玉版は、あるいは未だ中尊寺山内が天台・真言と相交わっていたころのものであるかもしれない。

寒に入って、関山の仏堂はいよいよ冷える。水や香花を供える雛僧《すうそう》の手に、真鍮《しんちゅう》の仏器が、冷えてくっ着くのもこの時季である。

能「秀衡」〔春〕

げに三代の栄耀《えいよお》は、ただ一睡《いっすい》の中《うち》なれや、
さめてはかなき眼の前に、国破れて山河《さんが》あり、城春《しろはる》にして草木《そおもく》の、
深きゆかりをみちのくに、笠うち敷けば北上の淵瀬《ふちせ》のなげき幻か、
夢の跡かと問ふすべも涙にいとゞ霞むらん、涙にいとゞ霞むらん

昭和二十六年に中尊寺能舞台で初演の、能「秀衡」の序章である。歌人・土岐善麿の作詞で、芭蕉の「奥の細道」の一節によっている。こうした序曲的な地謡にはじまるのも、新作能ならではの創意で、深い味わいを滲《にじ》み出すねらいがある。

文治三年、父とも頼む秀衡の死にあい、身辺なにかざわざわとしてきた平泉の義経が、春の宵に月見坂を登ってゆくところから舞台がはじまる。西城戸《にしきど》（錦戸）の館《たち》の侍女と名乗る女が義経を呼びとめ、酒をすすめて藤氏三代の盛時を語る。

聞きもせず束稲山の桜花吉野の外に白雲の、かゝるべしとは思ひきや、
西には来迎のひかりまばゆき中尊寺、

中尊寺　神事能「秀衡」

　堂塔伽藍楼門の甍を連ねて、さながらなりや
　仏国土
　……錦を展《の》ぶる都ぶりその春秋《はるあき》はなつかしや、

と。この詞章は、むろん、西行の詠んだ歌を踏んで平泉の「都ぶり」を懐かしや、と述べている。義経に酒をすすめる侍女（前シテ）の面《おもて》は、「増《ぞう》」といわれる、気品とどこか冷たい感じのする面である。あるいは、中尊寺では時には私蔵の「一寸髪《ますかみ》」の面をつかう。頬《ほお》のえくぼの辺りにも翳《かげ》りがあって、美しいだけに動きによって凄味《すごみ》さえ感じられる。

「立ちさわぐ夜嵐に、あらあやし舞の袖ひるがへすと見る見るも……」と、舞台に怪しい気配が動き、シテが懐剣を忍ばせて義経を襲わんとする。

　武蔵坊が現れて危難を免れた義経は、（中入り）金色堂の霊前に、秀衡の加護を祈る。

あゝわれ遂にいづこに行《ゆ》かん、願くは冥助《みょおじょ》を垂《た》れよと血涙《けんるい》を揮《ふる》って祈念《の》をこむる、

金色堂の作り物の回し幕が下りて、秀衡（後シテ）が姿を舞台に現す。面の内側から視ると、見所《けんじょ》から午後の陽差しをうけた明るさが目に入ってくる。

愚かなりとよ、泰衡ら、蝸牛角上《かぎゅうかくじょう》何事を、
あらおほけなし義経の常なき歎きを聞かんとは、
われ命終の時に臨み、一紙連署の起請文、はやくも反故《ほご》となさんとや、
誰か忘れん後三年の――

文中、「蝸牛角上」とは、蝸牛《かたつむり》の左右の角の上にある二つの国が争うほど、人間は小さい、つまらないことで争っている、という『荘子』（則陽篇）にある譬《たと》えである。

面《おもて》は、「正尊悪尉《あくじょう》」。悪とは強さ、頼れる面貌の意味。尉とは老人のことで、人間離れした威厳と品格のある、怪偉の面を悪尉という。もと、因幡藩主の旧蔵になるこの尉の面を、能「秀衡」初演の際に喜多流宗家が、披露を記念して特に「秀衡悪尉」と命名し、金色堂に奉納されたものである。

わが息泰衡の愚昧を叱咤《しった》するところは、厳しく、そして気分を抑えて謡わなければならない。作り物から出て、ゆっくりと、動きは少ないが気迫が込もった所作で「北方の王者」秀衡の大風格を示し、やがて演者はシテから秀衡になって、「われ先導の路を啓《ひら》かん」と、義経に逆境を切り開けと橋懸《はしがかり》の三ノ松にて長刀を正面に仕掛けて開き、幕に入る。

「鞍馬天狗」のシテを勤めて幕に入るときは、「頼めや頼め」と牛若（紗那王）の成長、前途を見守る期待を抱くが、「秀衡」では、この後義経がどうなったか、史実を承知していて見所の人は舞台を見終えるのである。

舞台と見所、歴史と風土のなかに育まれてきた、平泉とっておきの能「秀衡」である。

春、平泉では青田に二、三人の人の影があれば謡が聞こえてくる、そういう土地である。

秀衡椀　「てらいの無い華やかさ」

「朱漆で模様を描くのが此の椀の特色である。さうして是れに金箔を置くのが型である。さうして其の箔を角に切り、また菱に切つて置くのが式である。辺りに沿ふて其の模様をつける。凡ての効果は非常にいい。高台《こうだい》はやや高い。胴の形が悪いのを見たことがない。醜いものが作れなかつた時代の作物だと知れる。同じ手法を今だとて繰り返せる。併《しか》し、美しさを続けることは、もう殆ど出来ない。……此の古い碗の作者は、別に天才ではなかつたのである。なぜそんなにも事情が違ふのか、吾々の皆が考へていい問題である。」

（柳宗悦《むねよし》『工芸』昭和十一年）

岩手県は、石川県輪島や福島県会津とならんで、漆工芸が盛んな土地であった。それは漆を産し、古くから漆器を日常的に使う習慣があり、また、古刹に由来する伝統があったからである。県北に浄法寺椀があり、県南には衣川村の奥の増沢で作られてきた秀衡椀と、水沢黒石の正法寺椀があった。

ことに、「秀衡塗」とか「秀衡椀」といわれる漆塗椀は、雲型に切箔を置き、雲の間に椿や牡丹、瓜や桃、沢瀉《おもだか》、柏や松といった漆絵が描かれる。古格のある時代ものは県南の磐井《いわい》・胆沢《いさわ》・江刺地方や、宮城県の栗原・登米などに残っていて、形状・意匠ともに高く評価されてきた。

「秀衡椀」という呼称は、大正のころより一般に広く知られるようになったが、文献では大槻磐水《おおつきばんすい》（玄沢《げんたく》）の『磐水漫草』のなかの「秀衡盌《わん》記」があげられる。寛政四年（一七九二）

のもので、これが最も早いものとされているようだ。けれども、その淵源は古く、中尊寺に伝わる雲瓜文の片口や三ツ椀など、桃山時代にさかのぼる。

椀の張り、大きさ、高台の高いのがいい。これを単に機能的な形状と見て解説する人もいるが、朱漆の雲、金箔の四ツ割菱の文様と相まって、そこに古格がうかがわれる。それでいて、瓜や椿の絵柄は、日用的な親しみを覚えさせる。

秀衡椀

「民芸」とは、民衆が普段、日常に使う工芸のことで、その美は、用途にかなない素朴で堅実な性質をもつところにある。そういうところに工芸美を認めた柳宗悦によってつくられたのが「民芸」という造語であった。

秀衡椀は、山間の村の職人に伝わった伝統工芸である。その形態に風格があり、生漆《き》を木地に塗り重ねた漆下地だから丈夫で日常の用に叶う。椀の内は紅柄の朱、外黒ではっきりしていて、まさに民芸、「用の美」を示す、みちのくの御器《ごき》である。

戦後まもなく、増沢村の家の庭先で撮った写真に「柳宗悦氏一行来訪記念」と記あり、最前列に職人と思われる三人と、仕事を手伝っているらしいモンペ姿の婦人が四人見える。しかし、「立派な伝統の上に土地、人、資材、技術とみな揃ったこの希有な工芸村」は、「純朴な村人の考へをむしばむ誤謬《ごびゅう》の徴《きざし》を見るにつけ、本格的な昔のやうな秀衡椀に伍《ご》する漆器をどうにかして再生させたい」と式場隆三郎は書いているが、すでにダムの水底に沈んでしまった。村の漆職人は、それぞれ近隣の町に移って、仕事をつづけている人もいるようだが、昔の秀衡椀に伍するようなものは、なかなか見当たらない。

一体いま、岩手県内に漆工職人が何人ぐらいいるのだろう。

もう三〇年ほど前になるが、鎌倉彫の後藤俊太郎氏に、鎌倉彫と秀衡塗と彼此対照してこういう話をうかがったことがあった。

「鎌倉彫は、彫刻の美しさ。刀《とう》を、こう、スパッと入れる決断力が生命《いのち》。秀衡塗は、あの、てらいの無い華やかさが、いいなぁ」

秀衡椀に、衒《てら》いとか気取りは無用である。ウケとか現代風とか、故意に作為をこらしたものは願い下げにしたい。

椿とバラ　重文・椿彫木彩漆笈《つばきちょうもくさいしつおい》（椿蓬萊文《ほうらいもん》鎌倉彫笈）

笈《おい》は、もともと修験者山伏や行人《ぎょうにん》といわれる人が諸国を旅する際に、小さな不動尊像や仏具、香炉とか経巻などを納《い》れて背負った匣《はこ》である。

時代が下ると、実用から次第に置物や装飾として大型化して、観賞用に彫刻や漆彩色が施されるようになったのは室町時代である。

その代表的なものが、中尊寺山内の地蔵院に伝わる笈と、福島の示現寺のものである。とくに、地蔵院のこの笈は扉が三段、左右に区切られて、その木枠の構図はなんとも建築的・彫刻的と評されるほど力強い。

文様は、松や竹、葉の緑の色合いの中に、椿の花が全面に配置されていて朱の彩《いろど》りが映える。鶴や亀、松も竹も吉祥のしるしである。そこで、なぜ梅でなくて、椿なのか。

江戸時代に編纂された図説百科事典の『和漢三才図会』には、椿は、実は無花果《いちじく》に似て、搾《しぼ》った油は刀剣に塗ったり、髪油にもよい。花びらは大きくて艶があって美しく、人はみなこれを賞し、僧家は皮を剥《は》いで柱杖とした、と。

また、『慶長見聞集』には、庭に植える木はいろいろあるけれども、椿にますものはなく、草は霊芝《れいし》、木は椿と賞されたとも伝えている。

また、ツバキの「ツバ」とは、古語には光沢のあることを意味し、「花のなかに、つばきをもてはやす」と書いたものもある。江戸図屛風に描かれた江戸城内に、「大僧正」と記された境内の手前の一画、「御花畠」には多くの椿が咲いていて目をひく。

これらは、まだ梅が吉祥花として定着していなかった時代の、椿であり、効用がもてはやされたことが記されている。

椿の花は、修験では山の精霊の表象とされたという。

こうした椿文様の彫漆の笈は、多くは東北地方に遺っていて、平泉文化の産物とも解説されているが、いずれ、極めて日本的な図案であり、地方的感覚ともいえよう。


ところで、この笈の最下部の羽目板に山の形と薔薇《ばら》が彫られている。山は、中国の伝説「蓬莱山《ほうらいさん》」で、仙人の住む不老不死の地とされ、熊野などの仙境の美称でもあり、祝儀の飾りになくてはならない構図である。薔薇は、長春花ともいわれるように、まさに慶祝づくめの図柄である。

バラ私註――バラの中で、トキンイバラといわれるのがある。別名、ボタンイバラ。白い八重の花が山伏の頭巾《ときん》にていているので「頭巾薔薇《いばら》」といわれるという。頭巾は、修験者が頭の上につけて紐でアゴに結ぶ。胸に掛ける鈴懸とともに、山伏を表象する姿である。

金鶏山の麓に熊野社があり、毛越寺から金鶏山の西を廻って中尊寺の方に通ずる山道を、昔は「鈴懸の径」といった。中尊寺に伝わるこの笈の文様が、トキンイバラであれば、すべて符合するのだが、話はそううまくはいかない。

「トキンイバラ」の語を検索してみると、中国西部原産。日本へは江戸時代初期に入ってきたという。江戸初期とした解説が何に依ったものか、資料が提示されていないのですぐには肯定も否定もできない。が、いわゆる野バラはもっと可憐で、笈の文様はそれとは違う。牡丹にも似ているが、葉も蕾《つぼみ》も違うからバラであることは間違いない。

椿とバラは、破邪・吉祥の伝統的文様である。

実は、中尊寺のこの「椿文彫彩漆笈」（重文指定名）は、もとは「椿蓬莱文鎌倉彫笈」と称されていた。「鎌倉彫」に、椿彫りの伝統が残っている。そして、この椿文笈に鎌倉彫の淵源を見ているのである。

重文・椿文彫彩漆笈

文化財の故郷

仏頭〈中国・天龍山〉

平成十四年秋日、青山の根津美術館を訪れた。街の喧騒《けんそう》を全く遮断した一郭に踏み入ったことが実感される。ここの、館蔵コレクション「写経——深遠なる信仰の世界」展が観たかった。長屋王所願の神亀経《じんききょう》や、聖武天皇勅願一切経、また光明皇后御願の「五月一日経」といった天平写経の謹厳端正な書風をじっくりと視られる。

「二月堂焼経」は、江戸時代、寛文七年（一六六七）二月十四日、東大寺の修二会《しゅにえ》の際に二月堂が炎上し、火中から取り出されたが焼損した紺紙銀字の華厳経である。その銀字が白く輝いて見えた。

かつて、書家・中村素堂所蔵の「二月堂焼経切」をお宅に伺って見せていただいたことなども、なつかしく想い出されてきた。

平安の装飾経のところでは、むろん「中尊寺経」のケースの前にまっ直ぐ行って覗《のぞ》いた。紺紙金銀字交書《こうしょ》の清衡経と、金字の秀衡経もたしかに在った。これらが中尊寺から搬出されて高野山に入った経緯については、後で少し触れることにするが、眼前の「中尊寺経」がその高野山からいつの頃か巷間に流れ、そして昭和になってここに蒐集されたのだろうと、そのことの

天龍山（山西省）1

天龍山3

天龍山2

天龍山4

方が私にはあれこれと想像されて息をついだ。世に言う「高野切《こうやぎれ》」、あのように切断されなかったことを、国内にこうして残っていることを、可《よし》とせざるをえない。

古写経の一行一行、ひたすらな信仰の心と形に触れた思いであった。

しばらくして、私は少したためらいながら、階をのぼって石像の室に向かった。

如来像や菩薩石像の頭部が、陳列されていた。中国山西省の天龍山石窟（第十八窟東壁）の、中尊の首を切断したものである。菩薩の頭部も、侍立していた砂岩像を切断して日本に持ってきた、いわば物証である。私がためらったのには、こんな事情があった。

二〇年以上も前のことになるが、中国仏教研究者訪中団の一員として山西省大同の雲崗石窟から太原、河南省洛陽の龍門石窟・鞏《きょう》県石窟寺などの仏教遺跡を訪ねたことがあった。内陸部は、まだ十分に開放されていなかった当時であったが、中国仏教協会のはからいで、急に、天龍山参観が許可された。天龍山石窟は、東京帝国大学の関野貞が大正七年に発見して以来、研究者が訪ねるところとなった。

太原市から、特別に用意された軍の北京型ジープ一〇台を連ねて天龍山に至り、尾根づたいのルートをとって山頂から石窟に降りた。東西の峰に、第一から第二十一窟まで石窟が連なっている。第九窟と第十窟、そこで私達が目にしたのは、首から上を削り取られ、顔の無い無惨な石像群である。

「これらの像の頭部は、どうしたのですか」

言うところの、「三武一宗《さんぶいっそう》の法難」（北魏の太《たい》武帝・北周の武帝・唐の武宗と、後周の世宗《せいそう》）などの廃仏を想像して口を挟んだ私のこの質問は愚かであった。案内を兼ねた通訳の馬さんが、こちらを屹《きっ》と睨《にら》んで言った。

「日本に帰って、東京の美術館に行ったら見られますよ。日本帝国主義が削って持っていった！」

吐き捨てるようにそう言われて、私は言葉を失った。

削られた石仏の、首の部分がなんとも無惨で、情けなかった。

石窟から外に出ると、山の斜面に櫓《やぐら》が見えた。巨きな石像の頭部を修理している最中で、巻尺を出して測ると、足元から首まで四メートルはある。一行から遅れるのを気にしながら仕方なく下りてくると、見るからに学者といった感じの人が麦わら帽に画板を手にもって立っていた。修理の現場主任らしい。私は、メモ用紙とボールペンを差し出して名前を尋ねた。「浙江美術学院雕塑　沈海駒」と署名してくれた。

画板を見せてもらうと、Ｂ４判ほどの写真が貼ってある。破壊される前の十一面観音像だったが、何十年か前に日本で出版された古い図版の複写であった。

「修理の資料は、これだけです」

沈氏は、身振り手振りの私の需めに応じて、石像と同じ石片を拾い掌に持たせてくれた。

帰国して間もなく、その石片を東京国立文化財研究所に持参して、沈氏との出会いを話した。(故)石川陸郎氏の取りなしで、国立科学博物館の地学研究室の方でそれを薄くスライスして調べてくれることになった。

その折、石川氏がおもしろいことを話してくれた。

「アフガンのバーミヤン、あそこの石像もこれによく似た感じだった。石英の量によっても違うだろうが、太陽光線に反射して石が光って見えることがあるそうだ。どこかで、そんな話聞いたなぁ」

天龍山の頂き、あの十一面観音の姿が朝日を浴びて、その瞬間、金色燦然《さんぜん》と輝く。それから何時間か経つと、遥か西の方、アフガニスタンの大石仏が光を放ったのであろうか。想像するだけでも壮観である。

その石片がほとんど石英の砂で、少量の長石《ちょうせき》と方解石《ほうかいせき》を含んだ粘土鉱物になっているという分析報告を、修理に参考となるような『美術院紀要』の数冊と共に梱包して、中国の沈海駒氏宛に送った。

「有益的作用、対此　深表感謝　握手」、沈氏から礼状が来たのは一〇カ月ほど経ってからであった。

根津美術館に陳列されている如来と菩薩の頭部に対峙《たいじ》しながら、あの、天龍山石窟の、首から上を削られた姿を思い出していた。眼前の仏頭はいずれも盛唐期の像に共通の充実感溢《あふ》れる容貌である。

展示台のキャプションには、「請来《しょうらい》」と記してある。請い願って貰《もら》い受けたとの意味であるが、あのとき案内の馬さんが言ったこととは全く相違する。

＊

中尊寺経が高野山に移動した経緯については、小著『中尊寺　千二百年の真実』（祥伝社／黄金文庫）に述べたとおりである。醍醐寺三宝院の座主義演

沈海駒氏

の日記（『義演准后《じゆごう》日記』）、慶長三年（一五九八）六月八日の条に「奥州より、先度仰付けらる一切経二部、伏見まで参着す」とあるのによって、中尊寺経が太閤秀吉の命で持ち出された事情を考察して書いた。

ただし、「一切経二部」とはあるが、『日記』に中尊寺経とは書いてない、という人もなおいるようなので、高野山や河内観心寺に所蔵されているものが紛れもない中尊寺経であるという事実があるではないか、と付記しておいた。ただ、その「二部」の内訳については具体的に説明していなかった。清衡の所願になる紺紙金銀字交書一切経、これはそれで何ら問題ないわけだが、あとのもう一部が何なのかである。秀衡所願の紺紙金字一切経なのかどうか。「いや、それよりも宋版一切経を指したものと見るべきではないか、そう見た方が可能性がずっと高い」などと言って来た人もいたが、彼もまだ予測で語っているに過ぎない。これは今後、京洛の諸山に伝わる宋版一切経の調査を俟って、それから究明したらいい。

ただ、いずれにしても、金銀字一切経が高野山金剛峯寺に四二九六巻あり、河内長野の観心寺には金銀字経が一六六巻と金字経が五〇巻、襲蔵されて現に在るのであるから、義演の『日記』にいう「一切経二部」が、中尊寺経の二部を指して言っているということは動かない、ということである。

聖教《しょうきょう》も、仏像も、時代の権力や財力によって持ち去られたり切り取られたりしてきたわけである。彼らにとってそれは、ただ美術的な感興をそそる嗜好の対象であったり、他国を征した勝者の道理、奢《おご》りといわれても仕方がない。

文化財難民

私が根津美術館で仏頭を観てきた同じ時季、上野の、東京芸術大学の美術館では「アフガニスタン　悠久の歴史展」が開催されていた。

「二〇〇一年三月に起こったバーミヤン石窟寺院の大仏破壊は、世界に大きな衝撃を与えました。この事件をきっかけに、二〇年以上に及ぶ戦乱によってアフガニスタンの貴重な文化財の多くが失われ、傷ついているという現実が人々の知るところとなり……」

と、開催の趣意書に述べている。

アフガニスタンは、シルクロードに沿ってギリシャ、エジプト、ローマ、ペルシャと、ヘレニズム文化・インド・ガンダーラ美術・イスラームと実にさまざまな文化の入り交じった「文明の十字路」といわれ、仏教東漸の主要な拠点でもあった。

しかし、今やその国土は荒廃し、貴重な文物は破壊され、略奪され尽くした感さえある。そこで、遺跡発掘で収集されたもの、国外に流失したものも集めて、この戦禍に傷ついた文化財の復興のために、フランス、パリのギメ国立東洋美術館で本展が開催され、そしてその支援に日本で巡回展示されたのである。

ほとんどの入館者が、ユネスコ親善大使・平山郁夫芸大学長の声明文の前で立ち止まってそれを読んだ。

「皮肉にもユネスコ遺産条約に違反して、国外流失したので助かった文化財も多い。これらは文化財難民とユネスコで認定され、日本に流失した文物数十点も展示……」

そして、そのうちの何点かについては、返還にすでに同意を得たもの、とある。

ケースを覗くと、ゼウス神像の左足とか仏陀頭部、バーミヤン石窟壁画断片や、ハッダ出土の仏陀右手部分とかは一点々々の展示というより、片々の収集と表現した方がいい。

鉱脈から出土したラピス・ラズリーは、幸運の石として貴重だとされているが、そう言えるのは、戦争のない国でのことであろう。紀元前一世紀の青銅銀鍍金の器などは個人蔵であり、ほとんどが、ギメ国立東洋美術館の所蔵か保管、あるいはベルリン国立インド美術館の所蔵とある。そして、展覧会の図録の表紙にもなっている、アフガン東部ハッダ出土のストゥッコ

（漆喰《しっくい》）弥勒菩薩交脚像や菩薩頭部などは、フランスのアンドレ・マルローのコレクションである。

美術史家・好事家《こうずか》が収集して、欧米や日本の安全な所に保管していたからこれらも失わずに済んだ、とも言えるかもしれないが、その認識に矛盾を感じないのだろうか。まして、戦争が遠からず予想されるというので、あらかじめ切り売りしたとなれば、それは破壊と変わらないではないか、とどうも引っかかる。

ただ、これらを返却し、その遺跡の補修をその国の人に指導し支援することによってのみ、売人も収集家も、さらに言えば、アフガンの内戦も米の報復爆撃も止められなかったわれわれの救われる道が、あるのかもしれない。

＊

中尊寺では、秘仏・一字金輪仏頂尊（人肌の大日）の画像を、平山画伯に依頼して制作、展観に供している。秘仏の開扉まで待てないという声に応えたもので、そうした意味では「前立尊」ともいえる。ラピス・ラズリーを顔料とする群青世界に「素月《そげつ》の如き」白い大日如来が映える。

そしてこの画像の制作依頼も、文化財難民の修復支援の一助になっているのである。

金砂郷《かなさご》の薬師如来像（茨城県久慈郡）

茨城県立博物館に勤めている、大学時代の後輩Kさんから、

「茨城県に、先輩の所平泉から来た薬師像があります。さすがいいですね。重文です」

と聞かされていた。所在地は、金砂郷町というところである。

郵送してもらった図録には、真言宗・西光院の本尊であったが、西光院は現在は廃寺となり、堂宇もなくて町の教育委員会が管理しているとのことである。


宇都宮から車で国道１２３号を走り、芳賀《はが》・茂木《もてぎ》を過ぎて２９３号を常陸太田市に入る手前、金砂郷町に着いた。教育委員会に前もって連絡しお願いしていたので、主事の方が鍵を持って待っていてくれた。


薬師像は、寺址地に、コンクリートの収蔵庫に保管されていた。

まず、合掌して御真言をしばらく誦し、それからゆっくりと拝見した。

その豊かで安定した正面観。像容は、まさに定朝様の典型的なもので、材は、榧《かや》の寄木。像高一四四・五センチメートル。一一体の飛天・光背、九重蓮華台座とも一式完形しているので

ある。

この西光院の草創について説明を聴くと、所伝は、藤原清衡の娘でこの地の佐竹昌義に嫁した方によって、仁安年間（一一六六～六九）に創建された寺であったという。『新編常陸国誌』には、この寺の山号を田谷山医王寺と号す、と伝えている。そう、即思いあわされるのが、『吾妻鏡』文治五年の、頼朝が帰途に達谷窟に立ち寄ったくだりである（九月二十八日の条）。そこには「田谷窟」と記している。ここの、田谷山も「タッコク」と読んだに違いない。寺号は、平泉の達谷西光寺と同じで、田谷山西光院という。

それにつけても——と思った。平安時代の、これだけの尊像を、このような狭い収蔵庫に閉じ込めておくのは、なんとも勿体《もったい》ない。

「勿体」とは、そのものを、そのものたらしめている命のことであると、江戸時代の禅僧盤珪《ばんけい》の語を引いて、以前、草柳大蔵が話してくれた。これでは、薬師尊像を薬師像たらしめている命が枯死している。狭い倉庫は、重要文化財の保存施設としても、決して褒められた状態でもないようだ。

茨城県内の寺院で、国の重文指定の仏像はそう多くはない。平安時代の仏像だから、国の重文だからとは言うまい。なんとかもう少し、「そのものたらしめ」られるように考えていただけないものだろうか、そんな感想を申し上げて辞したのであった。

ところで、この常陸は、藤原清衡が平泉に入る以前、安倍氏が「奥六郡」を統治していた時代から、陸奥と関わっているようである。

津軽の「藤崎系図」によると、安倍貞任に高星《たかあき》という子がいて、まだ三歳のとき乳母に抱かれて北に逃れたという。その子孫の白鳥高任のとき津軽から大勢率いて常陸に発向したと伝えられてきた。谷川健一著『日本の地名』（岩波新書）によれば、陸奥の胆沢郡に白河郷・下野郷・常石《ときわ》郷・上総郷・白鳥郷などがあって、その常石郷は、もともと常陸国那賀郡常石郷からの移住民であったろう、という。つまり、「藤崎系図」が伝える白鳥高任の伝説を「故地」に帰ったもの、と考えている。

この推論は、白鳥がキーワードで、「和名抄」に見える鹿島郡城鳥郷は、現在の大洋村の字白鳥であろうとされる。そして、胆沢城址から「鳥取」と墨書された土器も出土しており、都鳥《とどり》神社などのあることも、そうした視点から見ている。

金砂郷から那珂湊市をもう少し南に行くと、大洋村に至る。旧白鳥村である。その間の大洗で一泊した。長くつづく磯浜、これを南に行くと鹿嶋に至る。

鹿島神宮所蔵の「悪路王首像」は、映像や印刷物でアテルイの顔として紹介され、強い印象を与えてきたが、実は、江戸時代、寛文四年（一六六四）に作られ、奥州の住人が奉納したものだという。野生的な「夷酋」をイメージしているように受けとられるが、憤怒の形相は極彩色で、いささか異様、というか日本人離れした顔に見える。

仏像の美、その微笑みはその像に心を寄せ拝む人びとの思いを写しているといわれる。そうだとすると、あの悪路王の首は、制作された時代びとの「蝦夷」に対する先入観を誇張し造形したものであろうか。

鹿嶋の近く、神栖《かみす》市に「平泉」という地名があり、「光」という名も地図にある。

あれこれ、なお気になる常陸である。

景観と風土

脱・親水公園――琵琶湖の畔から

久しぶりに琵琶湖畔をゆっくり歩いた。きれいに舗装整備された遊歩道は水辺に沿ってゆるやかにカーブしている。「快適な」景観が形成され、犬を連れてその快適さを満喫しているかに見える女性にも再々行き交った。

しかし、周囲の風景とは別に、この琵琶湖にかかわって私の中で意識している人が二人いた。一人は、作家の横光利一であり、もうひとりは、動物行動学の視点からエコロジー（生物と環境）についてエッセイを読ませてもらっている日高敏隆である。

『波』（新潮社）連載の日高のエッセイは、すでに一〇〇回を越え、私は惹《ひ》かれてずっと読んできた。読みながら、教えられながら、私も自然環境の問題に関心をもつようになったともいえる。数年前、この大津のホテルで「全国観光土産品公正取引協議会」滋賀大会が開催されたとき、日高の記念講演があるのを知って、一人で出かけていき聴講した。

いってみれば、バブル時代には自然環境を壊してきた側の、観光業界の総会に踏み込んでエコロジーを講演する、というところに興味もあった。むろん、氏が主催地の滋賀県立大学学長

（当時）であったということで講師を依頼されたのだろうが、それ以上に、琵琶湖の水質汚染という負のインパクトを脱して、クリーンな観光環境のイメージをつくりあげようとしている、近江の人と業界の気概のようなものさえ感じられたからであった。

しかし今、その琵琶湖の石組み堰堤《えんてい》や水辺の歩道を歩きながら、あらためて考えさせられたのは、日高のつぎのような指摘である。

自然にやさしく、自然と人間の共生とかいう、今日よく目にすることばが、何を意味しているのか。自然にやさしく、というが、自然は闘争と競争の場である。

人里を創ろうというのは、いかにも人里らしい人里を作ろうということではない。人里らしい人里などというものは人里ではない。それは人間のロジックを押し通し、自然のロジックを押しつぶしたコンクリート張りの川と同じく、要するに人工物にすぎない。近ごろは親水公園づくりとか森づくりが流行している。しかしそれらはいずれも、よく管理された人工庭園（公園）であって、人々が求めている心の安らぎや喜びを与えてくれるものではない。

きちんと管理された庭園や公園は、いかにそれが自然らしく見えようと、けっして現実の人里ではなく、従って自然と共生するものではないからである……。

（『波』98・3「猫の目草」）

私は、整備された琵琶湖の堰堤を歩きながら、今、世界遺産登録をめざしている平泉の景観形成のことを思った。危惧されることがあったからである。

*

〈平泉町都市計画マスタープラン〉が策定されて、概要版が町内各戸に配布された。その中の「整備構想図」のページに、「水辺プラザ」なるものが図に記示されていた。

環境問題とか生態系といったことに関心のある人でも、一般に、「水辺プラザ」などといったカタカナ語にはどうも弱い、というか甘いようである。自然に繁茂する叢《くさむら》や柳などの河畔樹相を素直にイメージして、そうなるものと思い込んでいる場合が多い。

しかし、そのパンフレットの裏面には「水辺プラザ」の当該地に「広域交流ゾーン」と記してある。つまり「夏草」の生い茂った平泉の原風景とはおよそ逆に、管理された親水公園などといった擬似自然とか、あるいは、ゲートボールを少し拡げたようなグランドゴルフ・コースとか、どこにでもあるつまらないスペースにされてしまう。

そして、国の事業できれいに造成したものの、後の管理が行き届かずに荒れたままになって人も寄りつかないような遊歩道パークがあるではないか。

北上川の堤内もあまり人工的にプラザだパークだと作り過ぎない方がいい。河畔につくる散策路も石油化合物で舗装しないで、土のままでいい。船着場を造るにしても、大げさなものは

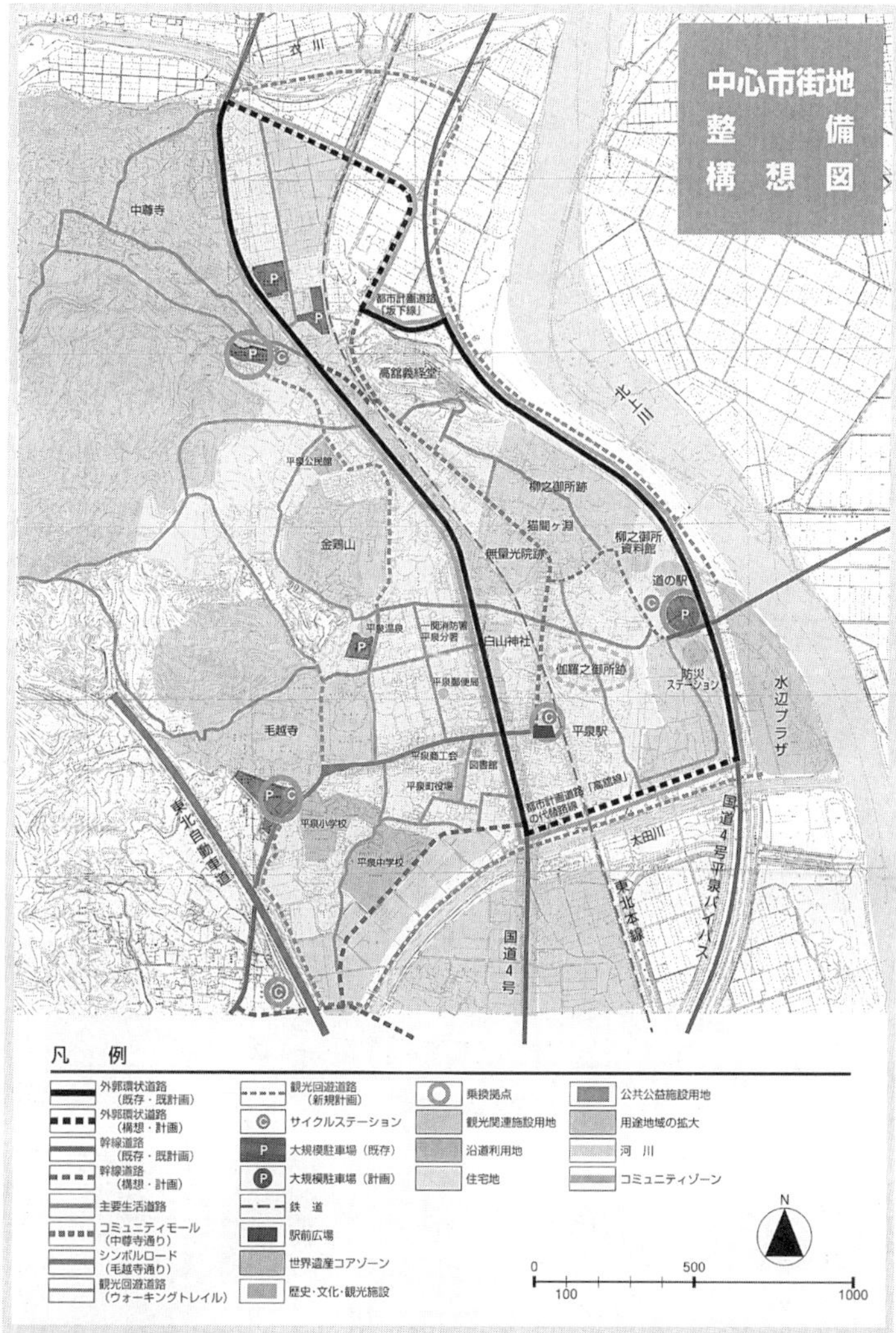
中心市街地
整 備
構 想 図
衣川
中尊寺
都市計画道路
「坂下線」
高館義経堂
北上川
平泉公民館
柳之御所跡
猫間ヶ淵
柳之御所
資料館
無量光院跡
金鶏山
道の駅
平泉温泉
一関消防署
平泉分署
白山神社
伽羅之御所跡
防災
ステーション
平泉郵便局
水辺プラザ
毛越寺
平泉駅
平泉商工会
図書館
平泉町役場
都市計画道路「高舘線」
の代替路線
平泉小学校
太田川
国道4号平泉バイパス
東北自動車道
平泉中学校
東北本線
国道
4
号
凡 例
外郭環状道路
（既存・既計画）
外郭環状道路
（構想・計画）
幹線道路
（既存・既計画）
幹線道路
（構想・計画）
主要生活道路
コミュニティモール
（中尊寺通り）
シンボルロード
（毛越寺通り）
観光回遊道路
（ウォーキングトレイル）
観光回遊道路
（新規計画）
サイクルステーション
大規模駐車場（既存）
大規模駐車場（計画）
鉄 道
駅前広場
世界遺産コアゾーン
歴史・文化・観光施設
乗換拠点
観光関連施設用地
沿道利用地
住宅地
公共公益施設用地
用途地域の拡大
河 川
コミュニティゾーン
N
0
500
100
1000

平泉町整備構想図

要らない。ことに高館から眺望する歴史的風致地区は、自然のままの茫々とした印象が好いし、堤防内に現にある農耕畑地は取り上げてしまわずに、あのままでいいではないか。

プラザとは、ショッピング・プラザとか言うように、もともと街中の人の集まる広場の意味である。北上川の水辺に、平泉の風景のなかに、「まず〈プラザ構想〉ありき」ではなくて、何を、どう残したらいいか、其処に住んでいる人に聴いて話し合うことが基本であろう。大体、景観形成などという用語がよくない。あれは、建設省・業界用語といっていい。柳青める北上川の水辺に、プラザなど要らない――。

平泉に戻ったら、委嘱された審議委員会に出席してそのことを話そうと思った。

タクシーに乗るとすぐ、運転手さんが話しかけてきた。

「どうです。琵琶湖すっかりきれいになりましたやろ。もっとも、きれいにし過ぎだって、〈世界水フォーラム〉で外国からみえた方々から、いわれてしまいましたんや」

平泉の土　三井寺の道

琵琶湖を散策した翌朝、三井寺を歩いた。

陸奥の、平泉寺院は、比叡山の法灯を汲んだばかりでなく、古く「園城寺の法を伝え」たと、鎌倉幕府の公文書の中に記述がある（文永元年・関東下知状）。他の史料にも関係がうかがわれて、園城寺（三井寺）は、平泉中尊寺の歴史に深く関わりのあったところである。


「五十四年ぶり総本山園城寺に里帰り」（「中外日報」平成十五年）。

紙面の写真版を見たとき、その里帰りの千手観音像に是非お会いしたい、拝みたいと思った。この像は、昭和二十四年から奈良国立博物館などに寄託されていて、元は京都如意ケ岳にあった園城寺別院・如意寺の本尊だったという。

本堂に上って、内陣を特に仕切った障子《しょうじ》明りのなかで、その千手像に間近に対した。

無垢な（まじりっけのない）、一木《ぼく》から彫りあげられた立像は、まことに存在感、重量感のある、しっかりした像容である。それは、仏像彫刻としてだけでなく、拝むこちらが、差し出された御手に信を抱くことができる頼もしさである。胸の前で合掌した真手と、そのほかの四〇本の脇手が同じ太さで左右に張り出している。私はしばらく見とれていた。

ここ三井寺の土地については、横光利一の紀行文「琵琶湖」が前から気になっていた。横光は、小学校のころ三井寺の近くに住んでいて、大津の疎水《そすい》からこのあたりは土地の人も知らないような間道まで、足で歩いて熟知していたらしい。

友人の永井龍男君が初めて関西へ来て、奈良京都大阪と廻つたことがあつた。……けれども、人の云ふほどにはどこも感心出来なかつたが、ただ一ケ所近江の坂本といふ所が好きであつたといふ。……坂本で感心をするなら大津の疎水から三井寺へ行くべきであると私は云つたのだが、奥の院の夏の土の色の美しさと静けさは、あまり人々の知らないことだと思ふ。あそこの土の色の美しさには、むかしの都の色が残つてゐる。すべて一度前に、極度に繁栄した土地には、どことなく人の足で踏み馴らされた脂肪のやうな、なごやかな色が漂つてゐるものだが、私の見た土では、神奈川の金澤とか鎌倉とかには、衰へ切つてしまつてゐるとはいへ、幕府のあつた殷盛《いんせい》な表情が、石垣や樹の切株や、道路の平坦な自然さに今も明瞭に現れてゐる。東北では松島瑞巌寺、それから岩手の平泉。これらはみな大津の奥の院の土の色と似たところがある。

（『全集』・河出書房新社／第十三巻）

この紀行文は、昭和十年八月に発表された。横光は、この前年の九月二十一日に盛岡市で開催された文藝春秋社主催の講演会のために来県している。その際、菊池寛も吉川英治も、小島政二郎・子母澤寛も招へいされ、中尊寺を訪ねて寺の求めに応じて揮毫をとどめている。横光の揮毫があったかどうか、私はまだ見ていないが、この文章からして横光もその前後に中尊寺の境内を逍遥したに違いない。

この、横光の視点は、まさに和辻哲郎が『風土』にいう「歴史は風土的歴史であり、風土は歴史的風土」に通じるように思われる。

横光は、次のようにも叙《の》べているのである。

> この奥の院をなほ奥深くどこまでも行くと、京都へ脱ける間道のあるのは、ほとんど土地の人さへ知らないことだが、ここをほじくれば、一層珍しいさまざまなところがあるに相違ないと私は思つてゐる。

と。この指摘は、横光が何をどこまで予知していたものであったろうか。多分、作家らしい漠とした感のようなものだったかもしれない。が、そこがなんとも気になるのである。園城寺から、京都鹿ケ谷《ししがたに》の如意ケ岳（大文字山）の南側につながる東西尾根づたいの古道があった。「如意越え」である。その尾根に沿って、如意寺伽藍の礎石・基壇・石垣や庭園石などが発見されたのは、昭和六十年以降のことである（『古代文化』平成三年）。

あるいは、横光は、当時まだ所在の定かでない「如意寺」伽藍の幻影でも見ていたのだろうか。とすれば、実に鋭い。

伝統

大江・幸若舞《こうわか》の平泉（福岡県山門郡瀬高町）

「いョーォん」

「えイヤほッ」　「えイヤほッ」

紋付《もんつき》、裃《かみしも》に長袴《ながばかま》姿の鼓方《つづみがた》が、正面幕前に床几《しょうぎ》に掛けて拍子《ひょうし》をとる。耳馴《な》れない私たちには、その掛け声が、なんとも奇妙に響くが、繰り返して聞いているうちに、次第に好《い》いものになってくる。

袖の大きな「素襖《すおう》」という武士の礼服に立烏帽子《たてえぼし》姿の太夫と、同じく折烏帽子のシテ・ワキとで詞章を謡う。

幸若舞は、室町時代に越前の桃井直信《もものい》（幸若丸）によって始められたという。節拍子を付した語り物で、とくに軍記物を取り入れた番組が多く、戦国時代に武士の間で愛好されたが、江戸時代には能・歌舞伎・俗謡が盛行して、幸若舞は次第に衰退した。発祥の地・越前朝日町でも絶えて、現在では、全国で唯一、福岡県瀬高町に大江幸若舞が伝わっているだけである。

しかも、所伝の本には四十二番あるが現在では八番だけで、その内、「扇の的」「八島」「安宅」と、いわゆる源平の戦、義経物語であり、そして「和泉ケ城」は秀衡臨終のくだり、義経

の最期「高館」と、平泉が舞台である。その「高館」の詞章を見ると、
人目忍ぶ旅なれば、いつしか、花の都をば霞とともに立ち出でて、大津の浦より舟に乗り、梅津の浦にあがりつつ、北国道の憂き難所を下らせ給ひける程に、人に宿を借らざれば、あるいは野に伏し山に臥し、七十五日と申すには、奥州衣川高館の御所に着きにけり。
（中略）
我も人も心静かにある時に、上へ申して御酒賜り、最期の名残を惜しむべし。尤も然るべしとて、種々の大瓶大筒を、御出居へ申し出しつつ、君も御出ましまして、女房達の御酌にて、上に盃奉りければ、下は以上八人、三献の酒過ぐれば、後には互いに入り乱れて、思い差し、思い取り、自酌自盛りの楽遊び、舞いつ歌うつ呑む程に、亀井が呑んだる盃を、武蔵坊に思い指差し、立ってん舞をぞ舞にける。
蓬莱山には千年ふる松の枝には鶴巣喰う、巌がかたに亀遊ぶ……。
〔義経主従、明日はみな討ち死ぬ覚悟。ささやかな酒宴に今生の名残と酌み交わす〕
まさに、別離酒宴の「高館」であった。

伝　統

中世芸能の曲舞《くせまい》の一つ、幸若舞の現在につながる番組が、義経であり平泉なのである。

実は、五年前、町の企画〈二〇〇〇年イベント〉の折に、観自在王院跡に掛けた舞台で、私

幸若舞（中尊寺白山能舞台）

はじめて幸若舞を観た。舞台の上は、太夫がたまに足踏んで拍子をとりながら位置が替わるぐらいで、ほとんど所作がない。まさに語り物である。〈勿体ないな〉と思いながら眺めていた。

後刻、第二十七代宗家といわれる江崎師のところに挨拶に行って、そして申し上げた。

「是非、今度は中尊寺白山社の、能舞台でこの幸若舞を奉納していただきたいものです」

江崎老人の、そのときの笑顔が、それ以来忘れられないでいた。

今年、舞台当日、見所の席は埋まっていた。

舞台の鏡ノ松の前に、シテ柱から鐘引き柱に綱をわたして、持参された幕が張られた。

「折角の鏡ノ松を見えなくしてしまって申し訳ないが、どうしても、この幕を張らなければ」という。

幕には、中央に菊の御紋と、左には下《さが》り藤の紋（幸若舞を筑後に招へいした城主蒲池《かばち》家の紋）、右には五七の桐（桃井家縁の紋）で、この紋幕を張ってやるのが格式、伝統だから、と現宗家の松尾師が事のわけを話された。

仕来り、道筋を曲げないで確《しっか》りと主張されるところが好い。

伝統とは、幸若舞にしても、秀衡塗りにしても、自然と歴史のなかに、人が、守り伝えようと意識してはじめて残るものであろう。

神輿渡御

深川の、長寿庵という蕎麦屋の前で車を降りた。今から、十三年前のことである。入って二階に上ると、江東区の、三好《みよし》・平野・清澄《きよすみ》・富岡の面々十数人が集まっていた。富岡八幡神輿総代連合会の常任幹事（各部会長）といった方々である。みなそれぞれに、お江戸を背負ってるような風格があった。

深川の雲光院《うんこういん》から私に同行した中沢義男会長が、手っとり早く紹介してくれた。

「早速ですが、ご相談申し上げる前に、こちら、ご紹介します。

岩手の平泉、中尊寺より……佐々木さん」

そして、私が挨拶に立った。

「本年は、藤原清衡公が平泉の地に入って、平泉が歴史の舞台に登場して九〇〇年になります。いわば、平泉開府九〇〇年の節目の年にあたり、これを機に、歴史を見直すと申しますか、頼朝の奥州征討以来、絶えて交流の無かった鎌倉との関係も……」

そこに、ドスの利《き》いた声が入った。

「それで、何で私らが、イワテへ行かなきゃならんのかね。」

「……はい。鎌倉を今、治めているのは市長さんですが、関八州を束ね頼朝以来の歴史を受け継いできたのは鶴岡八幡宮でして、それで、そちらに伺いまして神輿と宮司をお迎えしたいと申し上げましたところ、昔はともかく、いま、関八州の八幡神輿を代表するのは、東京の富岡八幡であり、そこの神輿会だから……と。そう言われまして――。

たまたま、私が学生時代に御縁のあった、こちらの雲光院住職に相談しましたところ、お寺の総代でもある神輿連合会の中沢氏を煩わして、斯《か》く相成った次第です。是非、皆さんには関八州の代表として、富岡八幡宮の宮司さん共々に平泉へお迎え致したく、本日、お願いに上がりました。

八幡神は、源氏の氏神で、「南無八幡」と戦勝祈願のイメージが強いようですが、また稲作農耕の神でもあります。東京の高層ビルの谷間だけでなく、みちのくの稲穂の道を、こちらの御神輿に渡御《とぎょ》していただきたい。

岩手は些《いささ》か遠ございますが、そもそも宇佐《うさ》の『御託宣《ごたくせん》』には八幡大神《おおかみ》は「日域鎮守《にちいきちんじゅ》」日本国全域の鎮守です。八幡大菩薩ともいわれるように、平安時代から「神仏習合」、神・仏一体なんです。どうぞ担《かつ》いで、中尊寺の月見坂を登っていただきたい。」

「坂、急ですよ、大丈夫かな少々心配ですけど…」みたいなことまで言うだけ言って、あとは信じて任せるしかない——。

と、そこに「この人、御地の平泉の出身でね」と、中沢が紹介してくれた頑丈そうな男がいた。後々、すべてにお世話いただくことになる高橋富雄であった。

ご両人のお取り成しが功を奏して、そう日を経ずして承諾の朗報をいただいた。

無論、それから実際に事が進むあいだには、いろいろ問題はあったが、一度「担《かつ》ぐ」と決めて腹を括《くく》った神輿男の言動は、すべて前向きであった。何があっても、想定内であるかのように見えた。

平泉の方では、白山社・熊野社・祇園社・駒形神社と、これらが一つ「平泉総社」として神事を執行する体制もできた。

四神の幡《はた》（青龍・白虎・朱雀・玄武）が平泉の空に立ったのは、平成七年九月三日の朝であった。富岡八幡の宮司が自ら出張《でば》って白馬に騎《の》り、列の要《かなめ》となった。そのために、平泉では恒例「東下り行列」に義経専用になっていた白馬を用意したのである。

国の特別史跡・観自在王院跡から毛越寺門前〜平泉駅前〜高館下、そして月見坂を上って金色堂に、三キロの道を渡御。県内の三基の神輿もその前を駆けた。

担ぎ手七〇〇人。威勢のいい「ワッショイ」の掛け声と豪快な水掛け神輿に、人口わずか一万足らずの町で、沿道に詰めかけた三〇〇〇人の人が、歓喜し興奮した。

平野二（丁目）と三好三の神輿が、関山月見坂の急勾配を登り切ったとき、東京の男達が、感激のあまり、顔をくしゃくしゃにして泣いていたのである。

長寿庵の二階で初めてご挨拶した際に、「坂、急ですよ」と私が言った裏には、例年の神輿渡御の道筋、江東に坂がないのを知っていたからである。やはり、坂を登ってみたかったのであろう。こういう歴史の坂があるから、皆、来る気になったのかもしれない。

＊

話は、ここからである。深川とのご縁で、威勢のいい水掛け神輿を初体験した平泉の若い者〈だけでなくて、むしろわれわれの方〉が、あの興奮を忘れられず、ついに平泉神輿会を結成、奉賛会を立ち上げた。平泉の歴史を掘り起こし、『吾妻鏡』「文治の注文」に、平泉の鎮守として最初に「中央総社」とある。それで「平泉総社神輿」と銘打った。単なるイベントとは違う。熱意が通じて自前の神輿を持つこともできた。

翌年からはじまった平泉水掛け神輿、「清めの水だけは、富岡以上」と好評である。

もう一つ、金色堂前で納めたあと、中尊寺貫首のご挨拶が、平泉ならではなのである。「男は、すすんで重たいものを担《かつ》ぎなさい。担いで汗流して、和背負《ワッショオ》いなんです」と。

その平泉水掛け神輿も、去年で、一〇年になった。

この間、毎年、深川からバスを連ねて参加される。深川の神輿会では、七月の平泉行きが慣例になって、彼らにとっては、平泉が故郷にも思えるのだという。東京から、神輿を二基移して（動座）、いつも以上立派に盛り上がった。ワッショイ、和とは縁である。

青田にわたる謡の声。謡曲は、平泉という土地柄、伊達藩政時代からの、伝統である。そしてもう一つの新しい伝統がこうして平泉に根づいていくのを、みんなが祝福している。

念仏剣舞《けんばい》

岩波写真文庫の『平泉』が発行されたのは、昭和二十七年である。小さな版だが、表紙から六四ページすべて白黒写真で、当時の、中尊寺や毛越寺、平泉見たままの風景、そして藤原四代のご遺体の影像も載っていて、戦後、はじめて平泉を全国に紹介した出版物としても大事にしたい一冊である。

その中の「祭り」の写真6カット中5カットが、衣川村の川西剣舞であった。刀を振りかざし真っ向から斬りつける構え、大きな手をヌッとこちらに延ばし睨《にら》んだ面。人垣の前を踊りながら跳ね回るサル。頭に鳥の羽を立てつけ、赤や青の面をかぶった鬼のような、鬼でもないような――「ケンバイ」。

「物怪《もっけ》」「物の怪《け》だッ」と、かつて、小学生のわれわれに大人たちが話してくれた。清衡様が、江刺の方からこの平泉に移ってきたころの話だ。

ある夜、頭に熊笹《くまざさ》のようなものをつけた異様な人たちが清衡の枕もとに立った。清衡公は胸苦しくなって、うなされたそうだ……。

それは、前九年・後三年の戦いで命を落とした人たちの亡霊だったと。人のような姿はしているが生きている人でなく、「物怪」だ。清衡公は、僧のすすめで山王権現社を造り、七日間そこに籠もって、戦死した「冤霊《えんれい》」の成仏を祈った。そうして拝んでいたら、一匹のサルが現れて、踊りながら物の怪を退散させたんだドヤ。

清衡の、堂社建立の縁起が主題である。そういう言い伝えがあって、念仏剣舞になった。サルは、たとえば熊野権現の八咫烏《やたがらす》、稲荷の狐と同じで、山王権現のお使い、神猿である。

衣川村は、前九年の合戦に柵（要塞）の地であった。「川西」といわれる里は、関山の麓から衣川を渡ってすぐ、まさに指呼《しこ》の距離である。

そこに「庭元」と称《い》われる家がある。庭は、祭りの庭、元は元締めで、舞型や囃子を伝え指導してきたところである。

面は、「イカモノ」（怒者）といわれる。常人と異なった怨霊《おんりょう》の仮面である。現在伝わる川西剣舞の面で最も古いのは、鎌倉時代のものと見られている。「怒者」といわれればたしかに怒っているように見え、威嚇《いかく》的ではあるけれども、大きく開いた鼻の穴、ウムッと口を強く結ぶ誇張した形の面相は、決して怨みとか、気味が悪いといったものでなくて、どこか淳朴《じゅん》でおおらかな感じさえする。念仏によって怨みが消えた顔なのかもしれない。

衣川・川西念仏剣舞（昭和33年ごろ）

サルは、物の怪を導いて成仏させる役割で、面の古いものは、あるいは私の自坊に所蔵のものが最も古いものかもしれない。室町初期に遡るものともいわれる。よく見ると裏に「安土興康作」の銘が刻されている。顔の赤い彩色はほとんど失って、桐の木地そのまま露出しているが、まんまるい目やその周りの皺の線、小さく結んだ口の形など、可笑しみがある。

そうすると、こうした川西念仏剣舞は、あるいは鎌倉時代の末ごろから、世々衣の里に伝承されてきたものであったか、と推測される。

「川西念仏剣舞」は、毎年、五月の平泉春の藤原まつりや、八月の中尊寺大施餓鬼会のときに、本坊の庭で披露奉納されてきた。

近年は、衣川村の衣里小学校のみなさんが剣舞を習っていると聞いて、学校を訪ねた。「剣舞を習う子ども同好会ができて、もう六年になります。それはもう、みんな楽しくて、大変だけれども一生けんめいおぼえるんです」と、校長先生の話である。

「地元に古くから伝承されてきたものを、折角、子どもたちが稽古しても、発表する場が運動会とか学校の中だけではもったいない。是非、中尊寺の施餓鬼会に、全国から訪れた多くの人の見てくれるところで、みなさんに見せていただきたいですね。」

と頼んだ。

――しかし、これまで保存会の大人が舞っていた所で、この子たちが舞ってかまわないのだろうか。施餓鬼法要という宗教的行事の場に、学校が子ども達を参加させてよいのか。

逆に、話を断って折角の機会を潰《つぶ》してしまい、後で悔やまないか――……。

校長先生はそのとき悩まれたらしい。

一昨年、「川西大念仏剣舞　子供同好会」は、親と子、地域ぐるみの取り組みが認められて、文部科学大臣表彰をうけた。

「教育は地域力」、受賞を報じた「岩手日報」の見出しである。

そして、剣舞子供同好会が結成十周年を迎えて、その祝賀会に私も招かれた。

記念誌『はねろ』（跳ねろ）に、版画家・（故）森田純が絵と文を書いている。

「先代庭元　佐藤仁三郎さんが　語ったこと」
オラホの剣舞《ケンビャ》が他とちがうところは
踊り出すまではザイをしっかり前に倒して面を見せないこと。
足を×《バツ》に組んで　強く揺らすこと。　亡魂《ボウコン》だからだ。
亡魂が浄土《ジョウド》に成仏《ジョウブツ》する。　それが　オラホの剣舞だ。
（ザイ＝熊笹のような頭の采《さい》・鳥の羽根鬘《かずら》のこと）

毎年、中尊寺本堂の前で、衣里小の元気な物怪《もっけ》の跳ねるのが見られる。

宗任《むねとう》伝説の島（福岡県宗像《むなかた》市）

奥州の安倍宗任が前九年の合戦で四国の伊予（愛媛県）に配流され、三年後にそこからさらに当地に流されてきた、と伝える所は九州に多いようである。そのなかでも有力なのが、あの波荒い玄海灘の大島である。江戸時代の儒者で福岡藩の藩医であった貝原益軒《かいばらえきけん》もそういう言い伝えを承《う》けて書いている。島の安昌院には宗任の墓がある。江戸時代、文政年間に再建された塔だけでなく、五輪古塔もあったと郷土史家の書かれたものも読んだ。

そして「安東船廻湊図」など、昔の人も郷土史家も、思いを海の道に膨《ふく》らませている。

この大島の北西四八キロメートル先、沖ノ島は「海の正倉院」といわれるように、古代ペルシャのグラスや唐船来の出土品も多く、壱岐・対馬とともに海路の要衝であった。沖ノ島は宗像大社の神域であり、大島村の内であった。

海の道は、玄海灘から日本海を陸奥津軽の十三湊《とさみなと》に通じていた。

一昨年、その大島中学校の二年生一一名が、修学旅行でゆかりの地・奥州衣川村と平泉を訪ねてきた。

私は、彼らに安倍氏とのゆかりを話したくて、まず、藤原四代のご遺体調査の記録映画を見せた。初代清衡の母は安倍頼時の娘であり、二代基衡の妻は、島に眠る「宗任」の娘で、その子息が「北方の王者」秀衡であることを話した。安倍氏の血を引く藤氏三代の遺影から、何か感じてもらえるかもしれない。遥か玄界灘の大島から来てくれた彼らを、少しでも安倍氏に近づけてやりたかった。

大島に帰ってから、担任の先生と、生徒を代表して、豊福君が手紙をくれた。

副葬品などが展示してある場所では、きれいな夜光貝などを使った物など展示してあって、すごいなと思いました。夜にはまた宿で佐々木さんから聞いた「故郷を大切にしてほしい」という話には、少しうごくものがありました。

僕は、大島にのこり漁をやりたいと思います。自分から、ここ大島を大切にしていきたいです。僕たちにとって、とても大切な話だったと思います。また、2年生が行くと思いますので、どうぞよろしくおねがいします。ありがとうございました。

ちなみに、「安昌院縁起」には配流された宗任以下、従者とも三二人といい、そしてその中に「豊福某」の名も伝える。昨年、この村も宗像市に合併した。

平泉今昔

中尊寺特設消防隊

平泉における火災の記事を、史料の中から拾ってみる。

○　鎌倉時代の、文永元年（一二六四）の幕府の相論《そうろん》裁定の下知《げち》状によると、中尊寺にはその当時「十六宇の堂社」が在った。それが、建武四年（一三三七）三月の火災で山上の堂塔ことごとく「灰燼《かいじん》に帰す」、焼失したことが中尊寺梵鐘の銘に伝えられている。

○　毛越寺（円隆寺）は、嘉禄二年（一二二六）に焼失したことが『東鑑脱漏《あずまかがみだつろう》』の記事で知られ、観自在王院や無量光院など、平泉の多くの堂塔は元亀三年（一五七二）〔あるいは翌四年〕の三月八日に延焼したものと、元禄の『旧跡書出《かきだし》』からうかがわれる。

○　たしかに、『吾妻鏡』には「主（泰衡）はすでに逐電（逃亡）して、家は烟《けぶり》と化す」と記されており、それで、文治五年（一一八九）八月に頼朝が平泉に入ったとき、北走する泰衡は自らの邸に立ち寄る余裕もなく、兵を遣わして館に火を放ち、平泉は焦土と化したものと、そのように思い込んでいる人も少なくないようだが、平泉の主な遺跡の調査では、大きな火災の痕跡はこれまで報告されていない。つまり『吾妻鏡』の「烟と化す」の記述は、これは平泉の滅亡を象徴的、文学的に表現したものであった、と理解される。

○　江戸時代の末、嘉永二年（一八四九）正月には、中尊寺の鎮守白山宮から出火。火は近くの杉に移った。山内の杉は、藩の奨励で植樹したものであったから、無断で伐れない。仙台に火急の報せに早馬を馳らせ、杉を伐る許可をいただいて、ようやく四日後に鎮火している。このとき、拝殿（現能舞台の前身の長床）と、能面六二面も焼いてしまった。

○　そして、明治九年（一八七六）六月、明治天皇巡幸の折に、岩倉具視より「第一に以て、患いは火災に候あいだ、火は堅く禁じ、堅固に相守るべき」旨を述べられた。

こうした経緯もあって、金色堂はじめ多くの国宝・重文を襲蔵している中尊寺の僧は、当然のことながら、文化財防火に力を入れてきた。

毎年正月、中尊寺では八日間の修正会を無事に勤め上げ、恒例の金杯披きも過ぎると、若い僧は托鉢寒修行のかたわら、文化財防火デーに向けて準備・点検にかかる時期になる。

〈中尊寺特設消防隊〉が組織されたのは大正十四年のことである。これは、藤原清衡公八百年御遠忌の年だから、国宝金色堂を火災から守ろうと決意を新たにした顕《あらわ》れだったろうと思われるが、なんと、結成まもない昭和三年には、シボレーの25馬力手押しポンプ車を購入しているのである。GMのシボレーといえば、いずれ、二五〇〇円もした舶来品である。この値段、たとえば国産車のダットサンが出たのは昭和十年で、価格が一九〇〇円。当時の、公務員の初

現在の中尊寺特設消防隊 1

現在の中尊寺特設消防隊 2

任給が、七五円ぐらいの時である。購入した値段が今に伝え語られてきたことでもわかるように、寺ではその支払いに大分苦心したようであるが、その威力は流石《さすが》であった。隣りの一関町（当時）の磐井川原で行われた消防演習大会の「くす玉割」に出て、堂々優勝して馬力を実証済みであった。衣を脱いで袢纏《はんてん》に着替え、重い車体を押して月見坂を登った姿を想像すると、その意気軒昂《けんこう》なる気概は十分うかがわれる。

世の中では、昭和二十四年一月二十六日、法隆寺金堂の壁画が焼失した。戦後の経済復興と文化国家の建設を期して、回生の第一歩を踏み出したばかりの国民に、精神的な痛手は大きかった。そして翌年七月には、金閣寺が炎上した。三十一年十月には比叡山大講堂が火災になった。いずれも放火であった。折角の消火栓が大講堂に近過ぎたため、駆けつけた人たちも熱くてとても近づけたものではなかったという。

後で聞くと、その消火栓を設置する際に、地元の消防団の人が「こんな大きな建物がもし火災になったら、これでは近過ぎて消火栓使えません」と、意見を申し上げたのだがお役人が耳をかしてくれなかったという。その話、最初に現場に駆けつけたという元記者氏から何度も聞かされた。紅蓮《ぐれん》の炎が、琵琶湖の湖面を真っ赤にしたということも聞いた。

そのころ中尊寺は、山内に点在する諸堂の宝物を、一堂に集め一括保存管理することが緊要であると、耐火建築の収蔵庫建設を、文部省に足繁く通って陳情していた。

ようやく、国庫補助が下りて宝物館「讃衡蔵」が竣工し、境内の一番高い地点に大きな貯水槽を造って、そこから三方の谷々に水が送れるようになった。後年、松村謙三（文相）を迎え、金色堂・

昔の消防訓練

昔の消防隊

経蔵をドレンジャー（水幕）で覆って披露したことが、新聞で誇らしく報道された。ただしかし、設備機械はあくまで機械。火を出すのも、火を消すのも人であるということを忘れないようにしたいものである。

曝涼《ばくりょう》あれこれ

辻善之助　「経清の出自《しゅつじ》」

土用の晴天を選んで、衣類や書画、調度品などを陰干しにする。「虫干」「曝書」「風入れ」は、夏（七月）の季語である。だが、実際はどうであろう。七月になっても、なかなか梅雨が明けず、しかも去年のように台風が来たり高温多湿である。むしろ秋彼岸の前後の方が、空気がカラッとしていて物にも適《い》いように思う。ことに、紙質が劣化している古書などは、曝涼の方がいい。

かつては、古刹の曝涼は、古書や希書を目にするまたとない機会でもあった。

狭い書庫に入って、あれこれ手にとって読み出すと、半日、一日はすぐ過ぎてしまう。空調の完備していない我が家の離れでは、そうしていると結構、外からの風入れにもなって、秋晴れの日には、書架の本のためにも好い。

『日本佛教史之研究』を開く。著者・辻善之助博士は、明治から昭和にかけて国史学界を統率した、東京大学史料編纂所の初代所長。仏教史を語るなら、まず辻先生の『日本佛教史』をよく読んで、それから語らなければならない、大著である。

その氏の基礎をなす本著の正篇に、「平安佛教史上に於ける中尊寺の地位」という一節がある。これは、大正四年八月に平泉（中尊寺）における歴史地理学会での講演を、翌年、『奥羽沿革史論』に掲載されて、それにさらに修正を加えたものである。

ところが、その追記にこうある。〔字句は、少し堅いように思われるかもしれないが、明治の人士の文章には自ずと風格もあり、書き直したりしない方がいいので原文のまま〕

本篇、京・奥州の両藤原氏の関係をのぶる条に於て、清衡が藤原氏を名乗つたのは恐らく後三年の役後、寛治頃からであるまいかといふ想像を記しておいた。然るに、近頃和田英松君よりの注意に、『続本朝文粋』巻六、源頼義が伊予守重任を請ふ奏状の中に「藤原経清」と見え、また『陸奥話記』にも「藤原経清」の名が見えるから、この想像は中《あた》らぬといふことであつた。如何にも小生の想像は誤りであつた。

『続文粋』所載の奏状は、その文より推せば治暦二年頃のものらしい。……としながら、「但し、経清か或いはそれ以前に、かの家と京藤原氏との間に荘園関係が成立してゐて、それによつて藤原氏を名のつたのではあるまいか」との想像はなお保留にして置きたい、と述べている。

あらためて推定した治暦二年ごろとは、一〇六六年ごろであり、奥州住人の経清が自分の所領の本家職を京藤原氏に奉って、それで藤原の氏を名乗ったものであろうとの当りはまだ捨てずに保留しているわけである。

本の奥付《おくづけ》を見ると、「昭和十七年　第十三版」とある。筆者の生れた年である。戦時中のこととて当然、紙質も粗《あら》く、だいぶ劣化して黄ばんでいる。

黄ばんだのは紙だけでない。今日の平泉研究からすると、戦前の知識・情報まさに隔世の感があると言えそうだが、それでは、問題は次々に解決され進歩しているだろうか。

清衡の父経清までのことは、系図や出自、正確なことは不明である。が、『後三年合戦絵詞《えことば》』に「清衡はわたりの権大夫《ごんのだいぶ》経清が子なり」とある。「わたり」とは亘理郡（宮城県南）で、権大夫と称されていたことからすると、おそらくは亘理郡に所領をもち支配していたということであろうし、陸奥国府に仕えた役人であったろうと推定されている。

その経清の名が、『造興福寺記』に見える。これは、藤原氏の氏長者頼通が氏寺である興福寺修造のために、全国の「藤氏《とうし》諸大夫《だいぶ》」に寄付を要請し、永承二年（一〇四七）に作成された名簿《みょうぶ》である。これに合計三六六名の名前が記されていて、中に「経清　六奥」とある。六奥は陸奥である。これによって、奥州藤原氏がれっきとした京藤原氏に連なることがはっきりした、という見解もあるが、また、経清が藤原を称したからといって、即、京の摂関家藤原氏に繋がるものでなく、『吾妻鏡』に「秀郷流藤原出であることのはっきりしている西行法師の奥州入りを叙して『陸奥秀衡入道は上人の一族なり』と言っている」ように、坂東の豪族藤原秀郷に由来するものと、少なくとも当時そう見なされていたと考えられる（高橋富雄『奥州藤原氏四代』）というわけである。

文字史料とは別に、清衡・基衡・秀衡の遺体の形態的特徴（頭骨計測値）から、奥州藤原氏の三人は、時代の近い一四世紀の鎌倉人や近世のアイヌの人とは遠く、東北人とも異なっていて、現代の京都人にもっとも近い（埴原和郎「人類学からみた奥州藤原氏とエミシ」）、という報告もある。

陸奥に下向して亘理郡に土着したのは経清になってからなのか、その父または祖父の代なのか、といった問題も十分に解明されてはいない。

辻善之助博士の著書、その黄ばんだ紙面にもその所説にも「隔世の感」は否めないけれども、中尊寺での講演以来八〇年経って、いまだ十分に解明されていない問題も少なくない。

藤島先生の手紙

文箱の蓋が持ち上がるほど、中に手紙が重なって入っている。封筒の裏にはみな藤島亥治郎と署名して、私宛にいただいた手紙である。数えてみると、三五通あった。それぞれ一通が一二、三ページから、長いのは一六ページにもなる。そしていずれも、罫にこだわりなく小さな字で紙面いっぱいに書かれている。

私信は普通、日付も月日だけかと思うが、全てに年号も記されてあって、老先生の人柄であろうか、また、整理して保管しておかれたいとの気持ちからであろうか。

内容は、大所高所からの意見書のときもあれば、論文に近いものもある。今後の日程につい

藤島亥治郎

ての告知板のようなページもあり、風雅な心を叙べるくだりもある。そして文の末尾には、「貴君にこうして書いていたために朝四時も過ぎてしまった」などと一言。

ある手紙の追伸には、こんなことが走り書きしてあった。

「私は、亥の字がきらいで、よく雅語をつかいます。藤島雅一郎　子供のときから、よくガイコツと仇名されましたから。骸骨から骨を抜いたら何がのこるか。アハハ」

そして、拙著を読まれた感想や所見を詳細に述べられていた。かい摘《つま》んで紹介すると、次のようである。（抄出）

小生、百歳になって老衰甚だしく、この正月は完全な寝正月……。

そこに貴著『平泉中尊寺』を恵与下され、早速、拝読。ほとんど夜中仕事で熟読。足掛け三日で完読。仏教の面からの解釈で、今までの私たちにない御創見に加えて、小生も御叱正やらご批判をいただき、ありがたく夢中で読み終えましたのも今暁のことでした。

仏教に関する……感動の限りで、その道に無知識の小生、読んで大いにたのしくもあり、悔しくもあります。

○　ことに、（中尊寺の）多宝塔に二尊並坐の間を奥の大道があり、旅人がその間を通る、とある件（文意の解釈）については、これは（『吾妻鏡』文治の）「注文」の解釈をそのようにすなおに受けたことによるもので、ことに小生は以前に韓国に赴任数年に及び、（慶州の吐含山《トーハムサン》の麓の）仏国寺に熱中していたので、その連想に引きずられて、多宝塔「両尊並坐」とあるのを、それぞれの堂塔にあっても道の左右にあれば並坐と見なし得ると思ったからです。

貴君も、「注文」をすなおに読めば中央塔との間に（多宝塔と山上の如法塔との間に）奥の大道があると解釈すれば、それこそ経意にも通じ、その解釈がよろしいと仰せですから、小生も承っておきます……。御説のような解釈のほうが「並坐」といふ大切な経意に沿うといはれれば、なるほどとも思います。

○　泉鏡花の金色堂についての文章は実に美しい。私はこれほどに金色堂に対してのすべてのことを美しくまとめた文章を知りません。さすがだと感服いたします。
この本は、平泉に、中尊寺についての良書として大切にします。ありがたふ存じます。

この五月一日の誕生日には……おそらくこれが小生生涯の花と見て、近い中に消えてゆきたい、とは考へています。

平成十一年一月二十六日

藤島亥治郎

……………………………………


手紙にある、多宝塔の解釈とは、『吾妻鏡』「文治の注文」にある、

「山の頂上に一基の塔を立つ。また、寺院の中央に多宝寺（塔）あり、釈迦・多宝の像を左右に安置す。その中間に関路を開き、旅人往還の道となす」

この、釈迦と多宝像とが左右に安置され、その中間に関路を開いたという解釈である。

これまで、殆どの研究者は「釈迦像と多宝如来像との中間に」関路を、と解釈してきた。

どうしてそんなことがあるのか。法華経を読めば、すぐわかることである。

「多宝仏は宝塔の中において、半坐を分かち釈迦牟尼仏に与えて、こう言った。釈迦牟尼よ、この座に就きたもうべし、と。（どうぞこちらに来て…）それで、釈迦はその塔の中に入り、その半座に坐したもう。」（第十一・見宝塔品）

と、経にある。この、二仏が塔の中で並んで坐したということは、意味が深い。半分を分かつとは二仏が一体であることで、過去世の多宝仏と現世の釈迦仏とは、一つの真理の共通の具現者ということを示唆しているのである。

では、関路はどうなる。「その中間」とは、二仏の中間でなくて、山頂の塔と寺院中央の多宝塔との中間であって、その多宝塔の中に「二尊並坐」と解釈しなければいけない。そうでなければ、経意に沿わない。堂とか塔というものは、仏説を形象化したものであって、もし経意（仏説）に沿わないのなら塔を建てた意味もない。一体、それはなんなのかということになる。

一〇〇歳の先生が、そこに気づかれなかった自分に「悔しい」思いをされ、それを隠そうともせずにこうして手紙に認《したた》められたのである。学人としてというより、人間として尊敬したい。

秋天好日、思いめぐらしているうちに時間の経つのは早かった。

週三日書庫にこもりて書を曝《さら》す　松本　旭

屋久貝（夜光貝）

清衡棺内に納められていた副葬品《ふくそう》の一つに、横刀《おうとう》の柄《つか》があった。「斬る」ことを強調しているのが反《そ》りのある太刀であり、横刀というのは反りのない直刀である。棺内の横刀は副葬品として護り刀として納められたものであろう。

その柄と、鞘《さや》の鐺《こじり》（先端）が残っていて、材は赤木である。これは東南アジアに分布する堅材で、しかも、その素地に夜光貝でススキに蜂の文様が象嵌《ぞうがん》されている。

金色堂の内陣の荘厳《しょうごん》には、螺鈿《らでん》細工のために、およそ三万個の夜光貝が使われていた。夜光貝は奈良、平安のころ「屋久貝」といわれて、沖縄、南西諸島からの船来であったとみられる。

当時、白河関から津軽まで、陸奥を縦貫する幹道は「奥の大道」といわれた。そしてその先、海の道は北の蝦夷島《えぞがしま》（北海道）だけでなく、ぐるっと日本海を回って遥か南西諸島に、また大陸の寧波《ニンポー》などにも続いていたわけである。

そこで、「ヤポネシア」ということばが想起される。アジア大陸の東にある列島群の意味だが、日本列島の西の先・琉球弧と、東奥の陸奥と、どこか何かが通ずるところがあるのだろうか。作家の島尾敏雄がその両端を視野に入れて提唱した世界として知られている。あるいはこの棺内副葬品の赤木や屋久貝が、「ヤポネシア」の言葉の意味を現実的なものとして見せてくれる、物証になるかもしれない。

それにしても、一二世紀、その当時に日本の最南の諸島からこのみちの奥に、どのような連絡で南西諸島のこうした物産を取り寄せたのだろうか。しかも、横刀柄の装飾には、その夜光貝でススキに四匹の蜂をあしらっており、刀身を固定させる目貫《めぬき》の座には桜の花形を象嵌《ぞうがん》している。これはなんとも和風であり、取り合わせが面白い。

平成十二年に新たに現在の讃衡蔵が建つまで、それ以前は、横刀の赤木柄も旧館二階のガラスケースの中に陳列されていた。

そのケースに眼鏡をすり寄せるようにして覗いていた御仁がいた。作家松本清張である。たまたま出会わせた私は、指さして一言添えた。

「こちらは、横刀の赤木の柄で、そこに、ススキに蜂が夜光貝で象嵌されております」

「ススキも蜂も、どうも見えない。こういう細かな細工は、写真拡大でもして側に掲示しておいてほしい。私のように眼を近づけてもよく見えん者いるんだから……。不親切だなァ。余所の博物館でも、保存のため云うて、わざわざ暗くしてるから、よけい見えんワ。ここもそう……。しかし、御寺の展示室なんだから、そうした配慮があってもいいじゃないか。無論、保存のため云うのわかるが。保存も公開も、どちらも大切――」。
清張流で語るその口調よりも、見えない、観たいという迫力に押された。

寺の先輩に話して、次の週、赤木柄の拡大写真パネルをケースの前に取り付けた。撮影も写真を貼《は》ったのも寺の者の手作りだから、見た感じは少々……、といったところはあったが、その日から、ススキと蜂のパネルの前は、拝観者が一寸立ち止まるコーナーになった。

現在、新たな讃衡蔵の館内照度は一一五ルクスにしている。「暗い」と言われても、文化財を劣化させないためにはこれ以上の照度は避けたい。ただ、「暗くて、説明板の字が読めない」という声には対応の仕方はあろう。見た目にスッキリ収めるのもいいが、高齢者にも見える字の大きさ、そして、できるだけ平易なことばで説明する意識の変換がわれわれの方に必要である。

「私の仏教」のすすめ

昨今、「仏教ブーム」といわれる。座禅を申し込んでくる学校やグループも、たしかに多くなった。中尊寺や毛越寺本堂で、息を整え神妙に座禅している姿がある。静かに、写経していかれる常連のご婦人もいる。

法話は、特に昨年は四月末から九月まで貫首の「土・日説法」があった。だれでも、貫首の話を直《じか》に聞けるとあって、東京・名古屋の辺りからも聴講に。ただ、話す方はなかなか大変だったと思う。毎週二回だから、四一回休まずで、体調を崩さないようにしなければならない。しかも、中には何度も聴きに通って来られる方もいるので、毎回テーマを変える。話に洒落《しゃれ》も入ったりして、一時間たっぷり話されて飽かせなかった。

そして「巡礼」である。定年で第二の人生を歩みだされた人が、しばらく自由を満喫した後、ふと思いに駆《か》られて、四国八十八カ所・札所めぐりの遍路姿に。現代は自分探しに歩く。そのための「四国」となる。これは多分に映像や物の本が影響している。近ごろは、書店の仏書コーナーに限らず、旅行雑誌や人生いろいろの棚に『四国巡礼』の本が何冊かはある。

四国だけが巡礼ではない――寺で若い人たちが思案し、松島の瑞巌寺~平泉の中尊寺・毛越寺～山寺立石寺と連携して、みちのく寺参り「四寺廻廊《しじかいろう》」を立ち上げた。いずれも、慈覚大師円仁を開山に仰ぐ古刹であり、芭蕉が杖を曳いた縁《ゆかり》の寺めぐりである。

無論、これが定着して人々の生活の奥の方まで入り込むには、あるいは三世代（一世代は古今を通じておよそ三十年とすると）九〇年、一世紀はかかるかもしれない。観音の道・西国巡礼にしろ、スペインの聖地・サンチャゴ巡礼にしても、「巡礼」といったものは、仕掛ければすぐ人々の心のなかに着床し、信仰の道になるというようなものではないだろう。

バブルが崩壊する前は、書店の仏書コーナーといえば、初老の研究者か寺の子弟が行くぐらいであったが、今は違う。『般若心経何々』『作家・誰々が行く修行の道』といったビジュアルで読みやすく、求め易いブックがいっぱいである。結構、若い人が手にとってページを繰《く》っている。漢字が苦手な人にも読んでもらえるように、ほとんどの字にルビが付してあり、イラストや写真も満載で、中にはガイドブック調のものもある。

逆にまた、余人と違う真剣な顔を大写しした表紙、難病を克服して得た信念を説く本もある。

「法華経ってなんですか」

「仏教って、なんですか」

中尊寺に来て、歴史や文化財に関してよりも、この種の問いが近年多くなった。キーを押せば、マニュアルが開く式の感覚で訊くのかもしれない。

たとえば、この仏教の問いであるが、仏教＝仏の教えと書くけれども、これは人間の教えであるということ、発菩提心《ほつぼだいしん》の主体はわれわれなのである。

どう生きるかではなくて、「どう生きてあるか」だから、答えは、人それぞれである。あらゆる人がそれぞれ「私の仏教」を持ち得るということである。だから、厳しい修行の道を歩むのも、難病を克服した体験から得られた確信もいいかも知れないが、普通一般の人がどう救われるか、そこが大事なのである。

司馬遼太郎が「宗教は一枚の地図である」と言ったように（講演集）、仏教は、処方箋でも薬でもなくて道であり、その道を歩くのは人なのである。

地図を、後生大事に仕舞っているだけでは、旅をしたことにならない。どう、その地図を読むか。先人の語ってくれたものを深く聴くことができるか、である。

「信」は、次第に自分の中に生ずるものであり、頷《うなず》きであって、人に露骨に説くようなものでない。思想が不消化な人に限って、宗門のかかげるスローガンを声高に説いているようだが、あまり感心しない。

喫茶淡交

今《いま》芭蕉さん

六月二十九日は陰暦の五月十三日、芭蕉が平泉に杖を引いた日である。「おくのほそ道」を実際に歩いて、それも、芭蕉と同じ日数をかけて歩き通すという、「日経」の連載企画の今芭蕉さんが中尊寺に訪ねて来て、しばし旅談義となった。

ところで、第一報「旅立ち」の記事の中で「東京・深川から結びの地、大垣（岐阜県）まで千七百余キロ」と書いてますね。たとえば、『図説おくのほそ道』（河出書房新社）などにも「行程約六百里（約二四〇〇キロメートル）」とありますが――。

（今芭蕉）　そう、普通そのように言われてますが、六〇〇里はオーバーだと思うんです。

この地図、全行程ですと七〇枚ほどになるんでポイントになる所にあらかじめ送ってあるんですが、(地図を取り出し) このように道を辿って測っていきますと、一七六〇キロぐらいになる。いずれそんなところでしょう。「二四〇〇キロ」というのは、おそらく単純に六〇〇里×四キロで出した数値じゃなかったでしょうか。

それから、芭蕉も、楸邨も精神の旅人であったとか、『おくのほそ道』は出羽に入ってから気分が大分変わること。また、芭蕉の最期はよく知られているが、随行した曽良の方は別れてからどうなったか。宝永七年(一七一〇)三月、巡検使の用人として江戸を発って筑紫に向かったが、壱岐で病んで五月に没していることなど、芭蕉を、旅を勝手に摘み出して喋《しゃべ》った。

——映画監督の山田洋次さんに、数年前インタビューしたことがある。「一極集中で地方の毛細血管に血液が流れず壊死《えし》し始めている」。その言葉の意味を考え、こうした「平成の大合併」に揺れる地方の姿と重ねて、この目で確かめたい、とも思う、と。

私は、彼にこんな話を最後にした。

松島の瑞巌寺・平泉の毛越寺と中尊寺・山形の立石寺と、この四カ寺は慈覚大師円仁の開山であり、芭蕉の歩いた跡ですね。この四寺を巡礼する「四寺廻廊」を立ち上げ、みんなで推進しているところです。一過性のブームではなく、四国遍路に並ぶような古寺巡礼の道に。自然と、歴史と、人と出会い元気になれる「旅」を――。

「みちのく」は、辺路ですから、これを遍路に。今その種を蒔いたばかりです。


十月二十八日、「日経」の今芭蕉さんから手紙が届いた。

「十月三日午後、大垣市の『結びの地』に無事着いた」との報である。そして、所要日数や距離数を記した最終レポートまで、連載記事①~㉑のコピーを頂戴した。そして㉒「旅の舞台裏」の総集編も同封されていた。

いずれ、これは踏破した本人が一冊にまとめて上梓されることであろうから、触れないでおくが、まさにそれは、今後「おくのほそ道」を語るときに依拠とすべき数値、「実測」ならぬ「実足数」とされるに違いない。まずは、ご慰労申し上げたい。

はなさん

季刊雑誌『和楽』が「日本の宝石箱・東北《みちのく》」特集で、中尊寺／美仏巡礼を企画した。それで

ＮＨＫ「新日曜美術館」でお馴染みの〈はな〉さんが、中尊寺にみえるから取材に対応してもらいたいとのことである。私は、テレビでの彼女の印象を思い浮かべながら、担当の執事《しつじ》に連絡をとった。

「金色堂内陣の写真。多分、六地蔵の話が出ると思うから、用意の方を……」

その日、はなさんはカメラマンと金色堂から野外能舞台の方まで一通り観て廻ってから私の前に現れた。本坊の茶室・松寿庵に案内して話を伺うことにした。

「金色堂、凄《すご》いですね。存在感っていうか……、思わずため息が」

そして、はなさん、話をこう切り出した。

「あの、ご本尊・阿弥陀さまの、その両脇に、お地蔵さまが六体並んでいらっしゃいますネ。あれは……？　前に観音菩薩と勢至菩薩さまがいるのはわかるんですが」

「実は、そう訊《き》かれるような気がしていましたヨ」と、私は頷《うなず》いて話を承《う》けた。

「え、どうして？　先を、見破られてしまった」と、はなさんとカメラマンも苦笑した。

「そりゃぁ、(地蔵菩薩の)スッと立っておられるお姿、目に残りますよ。

阿弥陀如来は、だれも漏《も》れなく西方《さいほう》浄土に往生《おうじょう》させてくれる、それが弥陀の本願《ほんがん》です。観音・勢至の二菩薩も揃《そろ》ってますから、往生するにはこれで十分なわけです。浄土に道が繋がっている。われわれの往生は安心していい……はずなのですが、なかなかどうもそうはいかない。厳しいです。過《あやま》ってすでに人倫《じんりん》に外《はず》れたことを、罪を犯してしまった人はどうなる。また、この世は地獄だと恨《うら》んでいる人もいる。大丈夫安心だといわれても……。〈末法《まっぽう》の世〉に、この無仏の、救われ難い世に救ってくれるのが地蔵菩薩ですね。地獄・餓鬼《がき》・畜生・修羅・人・天と、それぞれの境涯《きょうがい》における救済のよりどころです。六道の衆生みな、「縁なき衆生すら尚たすけ給ふ」六道能化《のうけ》です。

お地蔵さんが、葬送・墓地に結びついたり、辻に立つようになるのは、もっと時代が後になってからでしょう。ですから、地蔵像があることだけで金色堂を墓所・葬堂だと決めつけるのは適切でありません。

中央の須弥壇上に見える諸仏で、宮沢賢治は最前列に憤怒《ふんぬ》の形相《ぎょうそう》、降魔の剣をかざす持国天・増長天が強く印象に残ったようであり、棟方志功は、その持国天・増長天が踏みつけている天邪鬼が可哀そうだと、「長いことご苦労さま」と言ってたそうですが——、本尊の左右に列立《れつりつ》する六地蔵、あの円満相になんとも温かさのようなものが感じられる。

左掌《て》に宝珠《ほうじゅ》をのせ、右掌は垂下《すいげ》して「与願印《よがんいん》」といいますが、慈悲の悲をあらわしている、古様です。スッと、立っている姿。そして衣紋には截金《きりがね》彩色が施されている。いいですねェ」

そんなふうに話した。

はなさんは、奈良や京都の古寺を方々廻っていて、大分、馴染みの仏像があるらしい。いや、仏像と言わずに、どこそこの阿弥陀さん、お地蔵菩薩さんにお会いしたい、お会いしてきた、と言う。

＊

「金色堂の、その時代の六地蔵、余所にはどこか……」

と、はなさんが訊きたそうな様子だったから、史料のなかからここに一例を引いてあげておくことにする。

右大臣藤原宗忠は日記『中右記《ちゆうゆうき》』に、

「女院が六体等身の地蔵を作り、法華経二十部を供養す」云々。

と書いている。金色堂が造立されて六年ばかり後のことである。

森　さん

暑くも寒くもない秋天好日、お迎えした方があった。

昭和二十五年における中尊寺ご遺体学術調査に加わっていた森百合（旧姓町田）さんである。すでに亡くなられたご主人の森八郎氏と、動物学的観察から棺内の状況を検討した結果、ご遺体は人工的に特殊な保存処置を加えられたものではない、という見解を報告されている。

今回、中尊寺を訪ねる気持ちになってから、毎日散歩して足腰を鍛《きた》えてこられたという。

「娘が一緒に来てくれるというもんですから。それに娘の夫が、大学の整形外科医ですから、転んで骨折っても、なんとかしてくれるかと思って……」と、真面目に言われる。

その娘さんが、こういう話を聞かせてくれた。

「イギリスにおりましたとき、いろいろ舞台とか絵画とか、本に書かれていることも、この国の文化・歴史あらゆるものが、『聖書』を読まなかったら本当のところを理解できないって、そう思いました。彼らの意識、精神の基底にあるのは『聖書』なんですね。

日本の場合、今日拝見したようなこうした文化、歴史に触れて考えるには、やはり、それらをあわせ含んだ基にある仏教を知らないと……。昔の人たちが読んでいた経典を読まないで、昔の人が知っていたこと、思っていたこと、その基を知らないでは、深いところまでわかりませんでしょう」

よく、言ってくれた。真にそうなのである。平泉研究とか、奥州藤原氏論を論じようとされる方々にも、是非、聞かせたい寸言である。

医学部教授の夫君が、傍らで頷《うなず》いていた。そしてそれから、ご専門の診《み》たご遺体についての感想を、こう話された。

「資料のレントゲン写真見ただけですけど、さすが、骨格凄《すご》いです。お三人とも」

中尊寺の、この茶室で、これからも折々に、いろいろな方が滋味あふれる言葉を交わされるであろう。そうであってほしい。

むすびにかえて——知ること　思うこと

「大学の博物館学実習を、中尊寺で引き受けてもらいたいのですが……」

ご厚誼いただいている先生方から話があった。一昨年の九月ごろのことである。

「喜んで」とは、その場で即答はしなかったが、そんな顔をしていたかもしれない。

いや、「中尊寺の次は日光、その次は長野の善光寺か九州大分の両子寺といったようにローテーションを組んで……」、そんな提案をしたい気持ちであった。

私自身が、大学時代に史料採訪で先輩たちと一緒に彼方《あち》こちの寺院にお世話になった。そしてその土地、その寺の、生の史料に触れさせていただいた。それが何よりの収穫になったと思うし、沢山の思い出につながっているからである。

去年の夏、五泊六日の日程で、実習のカリキュラムを組んだ。

観る、聴く、触れる、読む。歩くことも、中尊寺なら平泉ならできる。

仏像をよく観る、頭から足の先まで、印相も、持物も。それから金色堂解体修理の映像も見せよう。貫首の講話も聴くことができるし、いつも文化財管理に携わっている人の話も聴くことができる。

古い経巻を実際に扱ってみる。そして古文書を読ませよう。平泉の発掘現場に頼んで、発掘体験をさせてやれないだろうか。遺跡群をまわるだけでなくて、中世の「古絵図」の骨寺村《ほねでら》も歩かせよう。折角だから、能舞台の掃除も――、いや、今の若い連中、拭き掃除なんかしたことないかも。そんなことを思いながら、一行を迎えたのであった。

六日間の実習が終わって、彼らのレポートが、指導員の先生から送られてきた。

螺鈿を一枚一枚漆と重ね合わせながら、昔の技術を確認して修理していく。金具の赤錆《さび》の除去など、保存修理が一つの文化として根をはっていくものであると思った。

骨寺村の山王窟の頂上に登ったときは、一人では何もできない、先生方の説明がないと何もわからないといつもは思っていたけれども、絵図を見ながら、目の前に広がる現在の地形を見比べて自分の目ではっきりと確認できたとき、無性にうれしくなってしまった。

九百年の時を経ても変わらない、あの田園風景は文化だ。

「三代の栄耀一睡のうちにして」と芭蕉は『奥の細道』に書いている。奥州藤原氏の栄華は百年足らずでその幕を下ろしたが、しかし、その築きあげた文化は、今でも生き続けている。そして、まだ全貌を明らかにしていない。……

（小松）

古文書が、文字が読めるということがこんなにも楽しいことだと、自分で感じることができた。そして、骨寺の絵図の窟《いわや》、あの凄い道をあきらめずに上まで登りきった爽快感。これを、この実習では知識も沢山習得できたが、見たり、歩いたり、感じることも多かった。これを、「良かった」という気持ちだけで終わらせたくない。

（植木）

実物を扱う実習は大いに緊張したが、教室の授業では得られない貴重な体験をさせていただいた。能舞台のお掃除では、白足袋を履《は》き一礼して舞台に上がると、背筋がしゃんとするような心持ちになった。

無量光院跡では発掘の体験をさせてもらった。私は、運よく陶器の破片を見つけることができたが、それはむろん、発掘に携わった全ての人の成果の、まさに一片に過ぎない。しかし、後々まで資料として残ることになるのだと思うと、少し嬉しい。

衣川沿いに連なる遺跡は、調査を終えたらここは堤防になってしまうのだろうか。いくら調査をしても、それが堤防の下に埋められてしまったら、息の根を止められた遺跡になってしまうだろう。死んだ文化財だ。価値ある物を、その価値を認識して、保存し、公開し、後世に残すという博物館学芸員の仕事の責任の重さを、今回の実習で身にしみて感じた。

いかに生かし（活かし）ていくか、難しい問題だが、やりがいのある課題である。
（岸）

レポートを読みながら、見る所をしっかり見ているな、そう思って私はにやりとした。地方の、文化財や史料を所蔵しているところは、こうした若い人達をよろこんで迎えてやりたいものである。

佐々木 邦世（ささき・ほうせい）

中尊寺仏教文化研究所長
大正大学講師
『平泉　中尊寺』金色堂と経の世界　吉川弘文館
『中尊寺千二百年の真実』　祥伝社
平泉文化会議所副理事長

平泉の文化遺産を語る
―わが心の人々―

2006年4月12日　第1刷発行

著　者　佐々木 邦世

発行者　柏木 正博

発　売　大正大学出版会
〒170-8740 東京都豊島区西巣鴨3-20-1

電　話　03-5394-3045　FAX　03-5394-3093

題字　中村大如
表紙カバー作画協力　小峰智行
制作・発行　株式会社ティー・マップ
（大正大学事業法人）
印刷・製本　共同印刷株式会社

 ISBN4-924297-39-9 C0021 Printed in Japan